Tim Seitz
Design Thinking und der neue Geist des Kapitalismus



**Kulturen der Gesellschaft** | Band 29

**Tim Seitz** (M.A.) ist wissenschaftlicher Mitarbeiter am Institut für Europäische Ethnologie der Humboldt-Universität zu Berlin. Seine Forschungsinteressen liegen im Bereich soziologischer Theorie, Science and Technology Studies und qualitativer Methoden.

Tim Seitz

# Design Thinking und der neue Geist des Kapitalismus

## Soziologische Betrachtungen einer Innovationskultur

[transcript]

**Bibliografische Information der Deutschen Nationalbibliothek**
Die Deutsche Nationalbibliothek verzeichnet diese Publikation in der Deutschen Nationalbibliografie; detaillierte bibliografische Daten sind im Internet über http://dnb.d-nb.de abrufbar.



Umschlaggestaltung: Maria Arndt, Bielefeld
Druck: Majuskel Medienproduktion GmbH, Wetzlar
Print-ISBN 978-3-8376-3963-6
PDF-ISBN 978-3-8394-3963-0

Gedruckt auf alterungsbeständigem Papier mit chlorfrei gebleichtem Zellstoff.
Besuchen Sie uns im Internet: *http://www.transcript-verlag.de*
Bitte fordern Sie unser Gesamtverzeichnis und andere Broschüren an unter: *info@transcript-verlag.de*

# Inhalt

# Einleitung

»Wir müssen Zugang zu den Chefetagen bekommen um dort das Denken zu verändern. Wenn wir das schaffen, können wir richtig was bewegen!«
(Notiz 05.06.15)

Ich bewundere Pauls[1] Visionärsgeist. Wir stehen auf der Gründungsparty einer Berliner Innovationsagentur und während ich gebannt zuhöre, berichtet er mir von seiner Vision, das Denken und damit die Welt zu verändern. Das Trojanische Pferd, mit dem er die Chefetagen zu kapern gedenkt, ist der Gegenstand meiner Studie, und ich befinde mich als teilnehmender Beobachter im Feld. Paul arbeitet selbst für eine Innovationsagentur, die schon seit einigen Jahren existiert und deren Arbeit ich beobachte, um herauszufinden, wie genau der angekündigte Wandel stattfinden soll. Paul ist indessen nicht auf die Party gekommen, um die Konkurrenz kritisch zu beäugen, die sich hier formiert. Nein, er freut sich über den Zuwachs, denn irgendwie ziehen hier alle am selben Strang und es gibt ohnehin genug zu tun. Außerdem kennt man sich. Es herrscht eine Atmosphäre, die mir aus den ersten Jahren meines Studiums von Fachschaftsparties vertraut ist und die zustande kommt, wenn alle Anwesenden über höchstens eine Ecke miteinander bekannt sind. Das verbindende Element *dieser* Party ist jedoch nicht wie damals *Soziologie, Freiburg*, sondern *Design Thinking, Potsdam* –

1 Sämtliche Namen in dieser Studie sind anonymisiert.

eine als Zusatzqualifikation angeeignete Methode, deren Ausbildung fast alle hier Anwesenden durchlaufen haben. Anders als Soziologie lässt sich Design Thinking unmittelbar als Dienstleistung verkaufen und befähigt somit zum Gründen einer Agentur. Es ist keine Disziplin, sondern soll eine Methode zur Überwindung disziplinären Denkens sein, das nicht mehr dazu in der Lage ist, mit der Komplexität unserer Welt umzugehen. Somit entbehrt es nicht einer gewissen Ironie, dass im Fortgang dieser Studie vor allem die disziplinierende Funktion des Design Thinking in den Fokus rücken wird.

*Meine* Agentur und die, deren Gründung wir gerade feiern, haben eine ganz ähnliche Ursprungsgeschichte: Die Mitglieder kennen sich aus ihrer Design Thinking-Ausbildung und haben gemeinsam beschlossen, sich mit dieser Methode selbstständig zu machen, anstatt anderweitig nach einer Anstellung zu suchen. Sie wurden in Potsdam zu Design Thinkers und wollen dies auch nach ihrer Zeit an der d.school – so heißt die Ausbildungsinstitution – noch bleiben. Denn die Arbeit mit dieser Methode unterscheidet sich in ihrer Zielsetzung und in der Art der Zusammenarbeit von den meisten Alternativen grundlegend, die ihnen auf dem Arbeitsmarkt sonst bleiben würden. Natürlich könnten sie mit ihren regulären Studienabschlüssen einen Berufseinstieg versuchen, aber diese Tätigkeiten wirken im Kontrast zu dem, was Design Thinking zu bieten verspricht irgendwie wenig verlockend:

»Einst überschaubare Systeme werden durch den gesellschaftlichen und wirtschaftlichen Wandel und insbesondere durch die umfassende Digitalisierung hochdynamisch und -komplex. Design Thinking ist eine effektive Möglichkeit, um mit den komplexen Aufgaben unserer Gegenwart umzugehen. Auf die eintretenden Veränderungen braucht es auch eine entsprechende Antwort im schaffenden Miteinander. Wir meinen, Design Thinking ist eine davon.« (HPI School of Design Thinking 2015a)

## Was ist Design Thinking?

Doch worum geht es in diesem Ansatz? Allgemein wird mit Design Thinking ein »human-centered approach to problem solving« (Kimbell 2011: 287) assoziiert. Anstatt primär von den technologischen Möglichkeiten oder von betriebswirtschaftlichem Kalkül auszugehen, stehe beim Design Thinking der »Nutzer[2] voll und ganz im Mittelpunkt des empathischen Herangehens und Entwickelns« (HPI School of Design Thinking 2015a). So beginne der Prozess stets mit der Beobachtung und Befragung potentieller Nutzer*innen, um ihre Erfahrungswelt verstehen und ihre Probleme identifizieren zu können. Durch Methoden der empirischen Sozialforschung wie Interviews oder teilnehmende Beobachtung sollen zu Beginn des Prozesses Informationen über die Nutzer*innen generiert werden, um sodann ihre Sichtweise in den Entwicklungsprozess einfließen zu lassen. Design Thinking »schaut mit sozialwissenschaftlicher Brille auf die NutzerInnen [sic!] und hat seine Ohren dabei immer offen für Neues« (HPI School of Design Thinking 2015b). Auf diese Weise – so das Versprechen – sollen nutzernahe Produkte und Dienstleistungen entwickelt werden, die aufgrund dieser Eigenschaft Probleme der Nutzer*innen lösen. Das richtige Produkt und die richtige Dienstleistung, statt sinnloser Konsumgüter – das soll durch Design Thinking geschaffen werden. Interdisziplinäre Teams sollen in speziell eingerichteten und variablen Räumen den iterativen Design Thinking-Prozess durchlaufen, der durch das regelmäßige Testen von Zwischenergebnissen permanent das Feedback der Nutzer*innen mit einbezieht. Daran ist das Selbstverständnis geknüpft, durch Design Thinking im Sinne der Menschen zu handeln, wahre Bedürfnisse zu befriedigen und auf diese Weise einen positiven gesellschaftlichen Beitrag zu leisten. So erklärt sich auch der Avantgarde-

2 Ich bemühe mich in dieser Arbeit um eine gendersensible Schreibweise. Zitate übernehme ich als solche. Ebenso verzichte ich darauf, den Begriff ›Nutzernähe‹, bzw. das Attribut ›nutzernah‹ zu gendern, weil es sich hierbei um stehende Begriffe aus dem Feld handelt. Die Personen, die Design Thinking betreiben, werde ich als ›Design Thinkers‹ bezeichnen.

anspruch in eingangs erwähntem Zitat, der einen Gang in die Chefetagen nahelegt.

Der Begriff ›Design Thinking‹ taucht zum ersten Mal zu Beginn der 1980er Jahre als Bezeichnung eines Forschungsprogramms der Design-Forschung auf, die sich seit den 1960er Jahren konstituiert (vgl. Mareis 2011: 34-54). Er hat zunächst nichts mit einer spezifischen Methode zu tun. Im Forschungsprogramm Design Thinking geht es darum, die spezifischen Arbeitsprozesse professioneller Designer*innen näher zu untersuchen, um herauszufinden »how designers think« (Lawson 1983; vgl. auch Rowe 1987). 1991 tagt diese Forschungsgemeinschaft in Delft auf dem ersten Design Thinking Research Symposium. Im Vorwort des Tagungsbandes (Cross et al. 1992) wird das damalige Erkenntnisinteresse vor allem im Kontext der Verbesserung, der sich seit den 1980er Jahren zunehmend institutionalisierenden (vgl. Mareis 2011: 54-60) Design-Ausbildung, betont. Im Sinne einer Reflexionstheorie (vgl. Kieserling 2004: 56-63) ging es der Design Thinking-Forschung vor allem darum, die Funktionsweisen ihres Gegenstandes zu beleuchten:

> »Design Thinking – the cognitive processes that are manifested in design action – has become recognised as a key area of research for understanding the development of design capability in individuals and for the improvement of design practice and design education. The aims of this Workshop on Research in Design Thinking at the Faculty of Industrial Design Engineering at the Technological University of Delft were to review the current state of knowledge in this research field and to identify ways and means of using this new knowledge in design education.« (Cross et al. 1992: 1)

Mit diesem Forschungsfeld hat der Gegenstand meiner Studie wenig gemeinsam. Design Thinking, wie es mir begegnete, ist keine auf Erkenntnisgewinn zielende Untersuchung von Design-Prozessen, sondern die Präskription einer mit demselben Namen bezeichneten Methode, die seit Mitte der 2000er Jahre an Popularität gewinnt und vorgibt, die Designer*innen zugeschriebene Problemlösungskompetenz (vgl. Dorst

2006) auf sämtliche Lebensbereiche anzuwenden – »no matter what the problem is« (Mareis 2010: 3).

»[A]s design thinking begins to move out of the studio and into the corporation, the service sector, and the public sphere, it can help us to grapple with a vastly greater range of problems than has previously been the case. Design can help to improve our lives in the present. Design thinking can help us chart a path into the future.« (Brown 2009: 149)

Tim Brown, den ich hier zitiere, ist der Geschäftsführer und Präsident des führenden und global agierenden Marktforschungs- und Ideenentwicklungsinstituts IDEO, das immer wieder als Entstehungsort der Design Thinking-Methode präsentiert wird (vgl. ebd.: 6; Kelley und Littman 2001). Mit seinem Buch *Change by Design* (Brown: 2009) hat er maßgeblich zur Popularisierung des Konzepts beigetragen und sich zum »globalen Diskursagenten einer nachhaltigkeitsorientierten Entwicklungs- und Innovationskultur« (Weber 2014: 33) aufgeschwungen, der bei TED[3] (2009) genauso auftritt, wie auf dem Weltwirtschaftsforum in Davos (vgl. IDEO 2006), um Design Thinking als »General Problem Solver« (Jonas 2011) anzupreisen. Er wird in dieser Arbeit mit seinem Einführungswerk immer wieder zu Wort kommen, wenn es darum geht, die mit Design Thinking verbundenen Hoffnungen und Versprechen greifbar zu machen. Eng mit IDEO verknüpft ist auch das 2005 an der Stanford University gegründete Hasso Plattner Institute of Design, das von IDEO (Mit-)Gründer David Kelley geleitet wird. Hier wird Design Thinking unterrichtet. 2007 folgte, ebenfalls durch den SAP-Gründer Hasso Plattner finanziert, die Gründung der HPI School

3 TED (Technology, Entertainment, Design) ist eine Innovationskonferenz, die vor allem durch die im Internet zirkulierenden TED-Talks weltweite Aufmerksamkeit erlangt hat. Unter dem Motto »ideas worth spreading« präsentieren dort Führungspersönlichkeiten aus unterschiedlichen Gebieten ein Thema auf eine möglichst persönliche und für das Publikum unterhaltsame Weise.

of Design Thinking in Potsdam, an der die von mir begleiteten Akteur*innen studierten. Die Ausbildung ist hier in einen Basic Track und einen Advanced Track gegliedert, die jeweils ein Semester andauern und in denen die Studierenden reale Projekte durchführen. Die d.school in Potsdam wird von Ulrich Weinberg geleitet. Er ist für den deutschen Diskursraum, was Tim Brown für den angloamerikanischen ist und wird in dieser Arbeit ebenfalls zitiert werden.

### Mythos Design Thinking

Von Seiten jener, die in den 1980er Jahren damit begonnen haben, Design Thinking als Forschungsgegenstand zu betrachten, wurde im Zuge der Popularisierung der Design Thinking-Methode ein zunehmendes Unbehagen geäußert. Was die Apologet*innen der Design Thinking-Methode als Design Thinking bezeichnen – so die Kritik – sei ein idealisiertes Bild des Design-Prozesses, das weder empirisch noch theoretisch begründet sei und mit der »traditionellen« (Jonas 2011) Design Thinking-Forschung nichts zu tun habe. Diese Einwände operieren konsequent mit Semantiken einer feindlichen Übernahme, wenn sie beispielsweise davon sprechen, dass das traditionelle Design Thinking-Konzept nun von der Industrie als ein Business- und Managementansatz übernommen worden sei (vgl. Badke-Schaub et al. 2010: 41). *Den einen* Design-Prozess, der nun vor allem auf Problemstellungen kommerzieller Organisationen angewandt werden solle, gebe es schlicht nicht, das habe die Forschung gezeigt (vgl. ebd.). Zwar sei der Begriff Design Thinking übernommen worden, die Forschung dazu selbst werde jedoch konsequent ignoriert (vgl. ebd, vgl. auch: Mareis 2010; Jonas 2011; Kimbell 2011; Tonkinwise 2011). Ohne Rekurs auf die »vielfältigen Wurzeln und [die] kontroverse Theoriegeschichte« (Jonas 2011: 2) des Konzepts, sei es den Vertreter*innen der Methode nicht möglich, überhaupt genau zu sagen, worum es sich bei Design Thinking eigentlich handele: »[I]t is no surprise that those who support its application to business or more broadly to public services or social problems, have trouble articulating what it is, whether all designers can do it, whether it is something new or just a different name for what good designers have always done, and why it might be a good thing that non-designers can learn it and do it too« (Kimbell 2011: 288-289). So oszilliere der Begriff konsequent, »mehr vage als bestimmt zwischen den ›spezifischen Fertigkeiten professioneller Designer‹ und einem ›allgemeinen Erfindergeist‹ hin und her« (Mareis 2011: 186; vgl. auch Salustri und Eng 2007: 19). Design Thinking, so das Resümee, sei somit weniger eine amerikanische Erfindung aus San Francisco, als eine amerikanische Vermarktung aus San Francisco (vgl. Marzavan 2015).

Der Begriff Design Thinking und seine Geschichte sind also umkämpft. Im Umfeld der d.schools in Stanford und Potsdam wurde 2008 das *HPI-Stanford Design Thinking Research Program* initiiert, das der Design Thinking-Methode seinerseits zu wissenschaftlicher Legitimation verhelfen und sie mit epistemischer Autorität versehen soll. Dieses Programm ist abseits der oben skizzierten Design-Forschung angesiedelt und trat in den letzten Jahren vor allem durch die Herausgabe von Sammelbänden (vgl. Plattner et al. 2012a, 2012b, 2014, 2015, 2016) in Erscheinung. Design Thinking wird hier als bereits existierender Gegenstand und etablierte Innovationsmethode behandelt, deren Entstehungskontext nicht weiter thematisiert oder begründet werden muss. Aufgabe dieser Forschung soll es lediglich sein, die genauen Funktionsweisen des Design Thinking zu entschlüsseln. »The HPI-Stanford Design Thinking Research Program strives to apply rigorous academic methods to understand the scientific basis for how and why the innovation method of design thinking work and fail« (Plattner et al. 2014: 6). In dieser Forschung finden sich zum Teil vereinzelte Verweise auf die Design-Forschung, jedoch wird ihr dort aberkannt, der Ursprungsort des Design Thinking zu sein: »Innerhalb der Design-Forschung gibt es zwar einen etablierten wissenschaftlichen Diskurs zum Thema Design Thinking, inhaltlich ist dieser jedoch auf die Arbeit professioneller Designer ausgerichtet und spiegelt den an der d.school verwendeten interdisziplinären Ansatz nicht hinreichend wieder« (Lindberg 2013: 6). Während die Vertreter*innen der Design-Forschung also Design Thinking als ihre Entdeckung und die so benannte Methode als Raubkopie bezeichnen, wird sie hier als eigener Gegenstand etabliert, zu dem die Design-Forschung nicht viel zu sagen habe. Interessanterweise findet sich jedoch auch hier, obwohl die Design Thinking-Methode zum Gegenstand ernannt wird, keine Einigkeit darüber, was genau es eigentlich ist. Es wird vielmehr ausdrücklich Abstand genommen vom Versuch, Design Thinking zu definieren. »The different interpretations of the concept, as reflected in the practitioners' discourse, make it impossible to come up with a shared definition« (Schmiedgen et al. 2015: 49).

Die Schwierigkeit einer Definition stellt für diese Studie kein Hindernis dar, sondern ist vielmehr ihr Ausgangspunkt, eine erste Auffälligkeit des Gegenstandes und als solche ein zu erklärendes Phänomen. In seiner terminologischen Unschärfe kann insofern ein produktives Potential erkannt werden, als dass sie die Entstehung und Weiterentwicklung eines Feldes eher befördert als behindert (vgl. Mareis 2011: 191), weil unterschiedliche Akteur*innen an dem Konzept teilhaben können, ohne sich auf eine endgültige Definition einigen zu müssen (vgl. Star und Griesemer 1989; Star 1992). Gerade weil die Bedeutung von Design Thinking nicht festgelegt ist, kann es je nach Kontext als Innovationsmethode, Arbeitsweise, Lebenseinstellung, Mindset, Werkzeug oder eben als Trojanisches Pferd einer gesellschaftlichen Transformation gedeutet werden – mit je variierendem identitätsstiftenden Potential.[4]

## Design Thinking existiert – in doppelter Weise

An dieser Stelle entferne ich mich von der Debatte um die Ursprünge des Design Thinking und den Versuchen einer Definition. Mir ist nicht daran gelegen, die Methode zu bewerten, zu delegitimieren oder ihr Vergessenheit ihrer eigenen Geschichte vorzuwerfen. Der Streit über die Urheberschaft des Begriffes Design Thinking wird von mir nicht entschieden werden und mein Ziel ist es auch nicht, seine Genealogie zu schreiben. Stattdessen mache ich das, was unter dem Namen Design

4 Dies ist ein Ausschnitt der Interpretationen, die mir im Feld begegnet sind.

Thinking als Innovationsmethode gelehrt und praktiziert wird, zu meinem Gegenstand und erkenne damit seine Existenz als gegeben an – ganz wie es die Forscher*innen des *HPI-Stanford Design Thinking Research Program* tun. Design Thinking ist real, weil es an den d.schools institutionalisiert ist; weil es Personen zum Gründen von Agenturen bewegt; weil es Gründungsparties solcher Agenturen stattfinden lässt; weil die Nachfrage danach derzeit so hoch ist, dass diese Agenturen überleben können. Darüber hinaus ist Design Thinking real, weil Akteur*innen, wenn sie Design Thinking betreiben, *wirklich etwas tun*, über ihr Handeln aber auch in einer spezifischen Weise sprechen. Mit anderen Worten: Design Thinking existiert als Praxis *und* als Diskurs. Wenn interdisziplinäre Teams in variablen Räumen den iterativen Design Thinking-Prozess durchlaufen, arbeiten sie im Stehen, bringen bunte Klebezettel an Stellwänden an und verwenden Bastelmaterial, um Prototypen zu bauen. Design Thinking ist also eine Praxis und als solche stützt sie sich auf ein praktisches Wissen und ist in Körpern, Gegenständen und räumlichen Arrangements materiell verankert (vgl. Reckwitz 2010: 190). Design Thinking ist aber auch das vollmundige und explizite Sprechen über diese Praxis, die Ankündigung, in den Chefetagen das Denken zu verändern, die Inanspruchnahme von Neuheit und das Versprechen nutzernaher Produkte und Dienstleistungen. Hierbei handelt es sich um spezifische Selbstbeschreibungen, die sich verbalisiert im Feld beobachten lassen, und über den Zugriff auf Dokumente, Präsentationen etc. erschlossen werden können. Wie hängt das eine mit dem anderen zusammen? Wie lassen sich die Praxis und die Selbstbeschreibungen des Design Thinking als zwei Seiten derselben Medaille begreifen und zueinander in Bezug setzen? Allgemein gefragt: Was leistet Design Thinking überhaupt?

## Follow the Design Thinkers

Zu Beginn meiner Auseinandersetzung mit dem Thema war ich vor allem mit den Selbstbeschreibungen konfrontiert. Der Zugang zu ihnen ist in der Regel leichter zu gewinnen, als zu den Praktiken. Internetpräsenzen, Videos, Präsentationen und die umfangreiche Einführungsliteratur machen einen Einstieg in das Thema zu einem leichten Unterfangen, nähren aber auch ein Unbehagen und Zweifel: Hält Design Thinking was es verspricht? Wie ist mit dem gesellschaftstransformatorischen Selbstanspruch umzugehen? Es entsteht das Bedürfnis, von den Selbstbeschreibungen Abstand zu nehmen und vor Ort nachzusehen, was *wirklich vor sich geht.* Dies führte mich zu dem Entschluss, einen ethnographischen Zugang zu wählen, um *Design Thinking in Action* beobachten zu können. Ich vermutete, so mehr über das Konzept herausfinden zu können, als wenn man sich lediglich mit seinen diskursiven Erscheinungsweisen auseinandersetzt. Über Personen, welche die Design Thinking-Ausbildung in Potsdam durchlaufen hatten, versuchte ich einen Zugang zur d.school zu gewinnen, um dort ein mehrwöchiges Projekt beobachten und es in seiner Gesamtheit rekonstruieren zu können. Dieser Zugang wurde mir jedoch – wegen drohender Überfischung – verwehrt. Das maximalinvasive Verfahren der teilnehmenden Beobachtung war zu abschreckend und die Verantwortlichen vor Ort hatten ohnehin beschlossen, nur noch den hauseigenen Forscher*innen des *HPI-Stanford Design Thinking Research Programs* Zugang zu den Projekten zu gewähren. Von meiner Ansprechpartnerin an der d.school wurde ich an eine Berliner Design Thinking Agentur verwiesen, bei der ich mein Glück versuchen sollte. Ich meldete mich dort per E-Mail und hatte drei Tage später einen Telefontermin und den ersten Fuß im Feld. Das folgende Telefonat dauerte fast 40 Minuten und ich sprach mit einem Mitarbeiter der Agentur, der mich vorwarnte, dass sie ein »ziemlich chaotischer Haufen« (Notiz 13.05.15) seien und gerade jeden Tag dazulernten. Auch beschrieb er einen ganz persönlichen Lernprozess: »Ja, ich fände es wirklich spannend, wenn du uns durch deine Beobachtungen von außen zum Nachdenken bringen würdest, aber seit wir hier die Agentur machen habe ich auch gelernt, wirklich *wirtschaftlich* zu fragen, was es uns bringt. Deshalb mal ganz konkret gefragt: Gibt's da was, wo wir am Schluss unser Logo draufpacken können?« (Ebd.) Dies konnte ich nicht versprechen, dennoch überwog das Interesse an meiner Arbeit und wir vereinbarten einen weiteren Termin vor Ort im Büro der Agentur.

Eine Woche später war ich dort zu Gast und lernte einen Teil der restlichen Mitarbeiter*innen kennen. Die Agentur bestand zu diesem Zeitpunkt aus ihren fünf Gründer*innen, zwei Festangestellten und einen Netzwerk aus ca. 25 Freelancer*innen, die je nach Auftragslage gebucht wurden. Sie befand sich in einer Expansionsphase, in der fast täglich neue Workshopanfragen eintrafen und auch personell ein Zuwachs stattfand. Im Prinzip ging es bei diesem Termin nur noch um die Absprache der genauen Details, das Zustandekommen meines Feldaufenthalts wurde nicht mehr in Zweifel gezogen. So vereinbarten wir den Beginn meiner Feldforschung für den ersten Juni. Ich solle einfach vorbeikommen und ab da würden wir dann gemeinsam schauen, bei welchen Workshops und Projekten ich dabei sein könnte. Weil einer der Mitarbeiter*innen als Coach an der d.school arbeitete, wurde mir auch in Aussicht gestellt, ab und zu dorthin mitzufahren. Was also auf dem offiziellen Wege problematisch war, schien an die Fersen der Akteur*innen geheftet weitaus weniger kompliziert. Der Feldzugang bei einer Agentur brachte insofern eine Modifikation meiner Forschung mit sich, als dass Agenturen in stärkerem Maße dazu gezwungen sind, Design Thinking als vermarktbares Produkt anzubieten. Während die d.school nur prestigeträchtige mehrwöchige Entwicklungsprojekte durchführt, leben Agenturen häufig von kleineren Workshops, in denen Design Thinking an Mitarbeiter*innen von Unternehmen vermittelt wird. Zwar finden auch größere Projekte statt, in denen die Agentur selbst Design Thinking praktiziert und Lösungen entwickelt, häufig beschränkt sich ihre Tätigkeit jedoch auf die Vermittlung der Arbeitsweise. Weil dies jedoch durch das unmittelbare praktische Einüben der Methode geschieht (siehe Kapitel II.6), war mein Vorhaben, die Praxis des Design Thinking zu beobachten, nicht gefährdet. Im Juni und Juli 2015 verbrachte ich insgesamt sieben Wochen mit der Agentur. Ich beobachtete die Akteur*innen in ihrem Büro bei der Geschäftsentwicklung, der Projektdurchführung, ging mit ihnen zu Kunden auf Workshops und folgte einem der Mitarbeiter*innen an die d.school. Ausschnitte aus Feldbeobachtungen, die ich in dieser Zeit durchführen konnte, werden in diese Studie als Sequenzen aufbereitet einfließen und die Ausgangsbasis einer praxistheoretischen Beschreibung des Design Thinking bilden, die sich über die ersten beiden Kapitel erstreckt.

### Praxistheorie und Praxeologisierung als Methodologie

Die Praxistheorie ist als ein Bündel von Ansätzen, und weniger als eine einheitlich ausgearbeitete Theorie zu verstehen (vgl. Hörning 2001: 160; Reckwitz 2003: 282). Trotz zahlreicher Versuche in jüngerer Zeit, die Praxistheorie zu einem einheitlichen Ansatz zu synthetisieren (vgl. Reckwitz 2003; Schmidt 2012; Hillebrandt 2014), bleiben die Praxistheorien eher ein Feld von Theorien, das sich durch die geteilte Annahme einer bisherigen Vernachlässigung sozialer Praktiken durch die Soziologie auszeichnet: »Eine große Schwäche von Kulturanalysen ist die Betonung von Sinn und Bedeutung zu Lasten von sozialer Praxis und Macht« (Hörning 2001: 157). Statt in abstrakten Sinnsystemen oder Normen verorten Vertreter*innen der Praxistheorien das Soziale in der Kategorie sozialer Praktiken. In der Fokussierung auf sich entfaltende soziale Praktiken lenken sie den Blick auf Aspekte, die praxisblinde kulturalistische Theorien bisher kaum wahrnehmen konnten: Die Temporalität, die Körperlichkeit und die Materialität sozialer Praktiken (vgl. Schmidt 2012: 51-69). Diese Aspekte werden in gegenwärtigen praxistheoretischen Abhandlungen häufig mit Bezug auf bestimmte Autor*innen in den Fokus gerückt, die dann als Kronzeug*innen der jeweils sichtbar gemachten Dimension gelten. Zudem werden mit der Betonung jeder dieser Dimensionen bestimmte blinde Flecken bisheriger Zugänge sichtbar gemacht. So gilt Bourdieu in der praxistheoretischen Reflexion als Advokat der Temporalität, dessen Verdienst es ist, den Unterschied von Theorie und Praxis betont zu haben. Butler wird als Botschafterin der Körper rezipiert, die am Beispiel Geschlecht auf deren soziale Konstruiertheit aufmerksam gemacht und somit die Trennung von sozial und natürlich unterlaufen hat. Latour schließlich gilt als Ambassadeur der Artefakte, der die Unterscheidung menschlicher und nicht-menschlicher Akteur*innen verwischt. Diese

Zuordnungen erweisen sich bei näherer Betrachtung häufig als verkürzt. Bourdieu kann auch als Theoretiker der Körper gelesen werden, der mit dem Konzept des Habitus auch die Implizitheit und Verkörperlichung des Wissens betont; Butlers Status als Praxistheoretikerin lässt sich generell anzweifeln, wenn man ihre diskursanalytischen Arbeiten in den Blick nimmt (vgl. Reckwitz 2003: 285); und Latour lässt sich ebenso gut dem französischen Neopragmatismus zuordnen (vgl. Bogusz 2009: 198; Schäfer 2012: 19). Die Autor*innen werden also stets auf eine spezifische Weise als Praxistheoretiker*innen gelesen und mitunter zu solchen gemacht. Ich verstehe diese Arbeit nicht primär als Beitrag zu theoretischen Debatten, in denen die praxistheoretischen Ansätze als theoretische Neuentwicklungen gelesen werden (vgl. Schmidt 2012: 28), sondern ziehe sie mit einem dezidiert empirischen Erkenntnisinteresse als Heuristiken heran, um die Praxis des Design Thinking zu entschlüsseln. Deshalb gestatte ich mir einen pragmatischen Umgang mit diesen Theorien, indem ich es gezielt vermeide, an ihrer hermeneutischen Vielfalt zu verzweifeln.

Was heißt es also, praxeologisch zu forschen? Robert Schmidt (ebd.: 28-33) bezeichnet die Destabilisierung der Trennung von Empirie und Theorie als forschungsstrategische Besonderheit praxistheoretischer Ansätze. Sie verfolgen »Praxeologisierung als Methodologie« (ebd.: 28), die die wechselseitige Verschränkung von Theorie und Empirie zu ihrem Ausgangspunkt macht. Keine empirische Beobachtung ohne Theoriegeleitetheit, aber ebenso wenig eine Theoretisierung ohne empirischen Bezugspunkt – so soll sich die Praxissoziologie als Theorieprogramm begreifen, das sich »fortlaufend verunsichern, irritieren und revidieren lässt, [indem] empirische Perspektiven und theoretische Sehinstrumente in interessante und spannungsreiche Konstellationen gebracht werden« (ebd.: 31). Dieses Vorgehen mache ich mir zu eigen, was sich auch in meiner Gliederung niederschlägt, in der sich keine Aufteilung in die Rubriken ›Theorie‹, ›Methode‹ etc. finden lässt. Der dezidiert praxistheoretische Teil dieser Studie, der sich über die ersten beiden Kapitel erstreckt, ist als Temporalität des Design Thinking (Kapitel I) und als Materialität des Design Thinking (Kapitel II) tituliert. In diesen Kapiteln verschränkt sich die praxeologische Konstruktion des Objekts, die zunächst die Temporalität und dann die Materialität der beobachteten Praktiken in den Vordergrund stellt, mit einem tastenden theoretischen Erkenntnisprozess. Der vorliegende Text ist somit nicht primär als Präsentation von Ergebnissen zu lesen, sondern als schriftlicher Erkenntnisprozess, was etwas ausdrücklich Anderes ist als ein verschriftlichter oder schriftlich dokumentierter Erkenntnisprozess. Denken und Schreiben, Analyse und Präsentation waren keine getrennten Schritte, sondern gingen Hand in Hand. Dementsprechend ist die Arbeit das Ergebnis einer »theorieorientierte[n] Schreibpraxis« (Hirschauer 2001: 431), als solche hochgradig kontingent und in sich selbst auch als Suchbewegung zu versehen.

## Wider dem Reduktionismus der Praxistheorie

Das empirische, aber auch theoretische Ausgangsproblem dieser Arbeit ist die Gleichzeitigkeit der Design Thinking-Praxis und dem auffälligen Sprechen über diese Praxis – verkörperte und materiell vermittelte Aktivitäten und Prozesse einerseits, Selbstbeschreibungen und Selbstdeutungen andererseits. Es ist keine Besonderheit des Gegenstandes, dass die Praxis und das Sprechen darüber gemeinsam vorkommen, jedoch sind die Selbstbeschreibungen des Design Thinking derart auffällig, dass sich mir die Frage nach ihrem Verhältnis zur Praxis in besonderem Maße stellt. Sie provozierten meinen ethnographischen Zugriff erst und sollten deswegen nicht aus den Augen verloren werden. Für ein Verständnis des Phänomens und für die Beantwortung der Frage ›Was leistet Design Thinking?‹ ist es demnach unabdingbar, beide Aspekte im Auge zu behalten. Die Praktik des Klebens bunter Zettel und des Arbeitens im Stehen mit dem Versprechen einer gesellschaftlichen Transformation zu verknüpfen, ist schließlich eine Auffälligkeit, die Design Thinking zu einem erklärungsbedürftigen Phänomen macht. Auf der theoretischen Ebene ist das Verhältnis dieser beiden Aspekte jedoch nicht trivial. Die Hinwendung zur Praxistheorie ist nötig, um die Praxis des Design Thinking überhaupt sichtbar zu machen. Während die Selbstbeschreibungen unmittelbar sprachlich und schriftlich vorliegen, müssen die Praktiken der »Schweigsamkeit des Sozialen« (ebd.) erst entrissen werden, indem man sie aufschreibt. Weil sich die Praxistheorien jedoch in Abgrenzung zu einer Überbetonung von Sinn und Bedeutung herausgebildet haben (vgl. Hörning 2001: 157; Schmidt 2011: 91) tendieren sie ihrerseits dazu, die diskursiven Aspekte gänzlich aus den Augen zu verlieren. Das »Verhältnis von Sinn und Praxis« (Hörning 2001: 157), das vor der Entstehung der Praxistheorien zugunsten des Sinns vernachlässigt wurde, scheint nun mit zu großem Fokus auf die Praktiken aus dem Blick zu geraten. In theoretischen Zwischenreflexionen werde ich deshalb jeweils prüfen, inwiefern es mir in der Betrachtung der Temporalität des Design Thinking (Kapitel I.4) und der Materialität des Design Thinking (Kapitel II.7) gelungen ist, die Selbstbeschreibungen zu berücksichtigen. In beiden Fällen wird sich zeigen, dass ich ihnen jeweils nicht gerecht werden konnte. Als Beschreibungen von *innen*, als inkludierte Beschreibungen, sind sie Teil des Gegenstandes (vgl. Kieserling 2004: 47), können in den beiden Kapiteln jedoch nicht als solche erscheinen. Deshalb werde ich im dritten Kapitel unter Rückgriff auf den französischen Neopragmatismus den Selbstbeschreibungen größere Aufmerksamkeit widmen und sie in ihrem Zusammenhang mit den Praktiken beschreiben. Dieser Schritt wird erst aufbauend auf den Ergebnissen der ersten beiden Kapitel möglich. Dementsprechend entwerfe ich in dieser Arbeit keine Theorie, die Praktiken und ihre Selbstbeschreibungen unmittelbar und gleichzeitig erfassen kann, sondern führe im Verlauf einen theoretischen Perspektivenwechsel durch, währenddessen ich die jeweils vorangehenden Erkenntnisse nicht vergesse.

Jedem der drei Kapitel lässt sich so exemplarisch ein Name zuordnen, der einen spezifischen Fokus festlegt. Es bedeutet nicht, dass ich die jeweiligen Theorien im engen Sinne auf mein Material *anwende*, sondern dass diese Theorien eine spezifische Perspektive vorgeben, innerhalb derer ich mit mich auf eine praxeologische Weise mit dem Material auseinandersetze. Das erste Kapitel ist von Bourdieus Betonung der Temporalität sozialer Praktiken inspiriert und arbeitet sich an seiner Unterscheidung von Theorie und Praxis ab. Im zweiten Kapitel nehme ich mir mit der Materialität einen Aspekt vor, der besonders von Latour (und anderen) betont wurde und dessen Wissenschaftsethnographien mir hier als Vorbild dienen. Darauf folgt das dritte Kapitel, welches mit dem Namen Boltanskis verknüpft ist. Hier erscheinen die Selbstbeschreibungen als Echo einer Kapitalismuskritik, die auch in den Praktiken selbst Spuren hinterlässt. Auf diese Weise ist der Anspruch einer kombinierten Betrachtung von Praktiken und Selbstbeschreibungen eingelöst und Design Thinking lässt sich als Gegenwartsphänomen im Kontext eines neuen kapitalistischen Geistes verorten.

Diese Studie ist ursprünglich im Studiengang Wissenschaftsforschung an der Humboldt-Universität zu Berlin als Masterarbeit entstanden und wurde im September 2016 von der Deutschen Gesellschaft für Soziologie mit dem Preis für herausragende Abschlussarbeiten ausgezeichnet. Sie wurde von mir vor der Veröffentlichung noch einmal überarbeitet. An ihrer Entstehung waren eine Reihe von Personen beteiligt, denen ich sehr herzlich danken möchte: Anna Flach, Johanna Block, Tim Flink, Susanne Förster, Sebastian Krammig, Lisa Kressin, Felix Niggemann, Claudia Pilarski, Bente Sachs, Anita Šehagić und Carolin Thiem. Mein besonderer Dank gilt Prof. Dr. Martin Reinhart und Prof. Dr. Tanja Bogusz, die mich bei der Anfertigung dieser Arbeit betreut haben und mir Forschen beibrachten, indem sie so taten als könnte ich es schon. Ohne dass ich Design Thinking beobachtet hätte, wäre keine der folgenden Überlegungen zustande gekommen. Ich danke deshalb allen Personen im Feld, die mich dort voller Offenheit und Neugier empfangen haben und an ihrer Arbeit teilhaben ließen. Schließlich läge dieser Text nicht in gedruckter Form vor, ohne die großzügige finanzielle Unterstützung dreier Institutionen, denen ich ebenfalls herzlich danken möchte: Das Wissenschaftszentrum Berlin für Sozialforschung (WZB), die Humboldt-Universität zu Berlin und meine Familie.

# I Die Temporalität des Design Thinking

Soziale Praktiken zeichnen sich dadurch aus, dass sie in einen zeitlichen Vollzug eingebunden sind und sich als temporale Abfolge von Jetztzeiten ereignen (vgl. Reckwitz 2003: 295). Sie sind eine »dem Wesen nach lineare Reihe« (Bourdieu 1987: 152) und wiederholen sich nie auf vollkommen identische Weise. In ihrem gegenwärtigen Vollzug bauen sie stets auf vergangenen Praktiken auf und präformieren ihrerseits die zukünftigen (vgl. Schmidt 2012: 54). Die Handelnden sind ganz in die Zeitlichkeit eingebunden und stehen in der Regel unter Handlungs-, bzw. Zeitdruck, so dass ihr Handeln nur in diesem Kontext überhaupt verstanden werden kann (vgl. Bourdieu 1987: 147-155). Auf diese Weise liegt im folgenden Kapitel ein dezidierter Fokus auf der Temporalität des Design Thinking und der Beschreibung des zeitlichen Korsetts, in das die Handelnden eingebunden sind. Damit beginnt nun auch der Gang durch meine Feldbeobachtungen.

Die folgende Sequenz spielte sich in einem Workshop ab, der von der Agentur organisiert wurde, um erste Zwischenergebnisse eines Entwicklungsprojekts von den späteren Nutzer*innen testen zu lassen. Das Einholen von Feedback potentieller Nutzer*innen soll gewährleisten, dass das zu entwickelnde Produkt oder die Dienstleistung nutzernah, also an spezifische Bedürfnisse der Nutzer*innen angepasst ist. In der dargestellten Sequenz geht es beispielsweise darum, die im Vorfeld des Workshops generierte Persona vorzustellen und weiterzuentwickeln. Bei der Persona handelt es sich um ein Konstrukt, das im Zuge von Design Thinking-Projekten entwickelt wird, um zentrale Eigenschaften der potentiellen Nutzer*innen zu bündeln. Sie ist eine idealtypische Nutzerin, die aufbauend auf Befragungen und Beobachtungen generiert wird (siehe Kapitel II.2). Beim Testen dieser Persona sollte überprüft werden, inwiefern sich die Tester*innen in der Persona wiedererkennen. Diese Momente der Empirie finden im Design Thinking stets in einem zeitlich klar begrenzten Rahmen statt. Im vorliegenden Fall wurden die befragten Personen zu einem eintägigen Workshops eingeladen und reisten hierzu aus verschiedenen deutschen Städten an. Bei dem Projekt handelte es sich um eine Auftragsarbeit für eine öffentliche Einrichtung, bei dem ein Online Tool für bestimmte routinemäßig anfallende Tätigkeiten entwickelt werden sollte. Die Tester*innen waren demnach Personen, die in Zukunft mit dem zu entwickelnden Tool arbeiten sollten. An ihren Arbeitsalltag sollte es angepasst werden. Bei dem Workshop waren 8 Tester*innen anwesend, die während der folgenden Sequenz in zwei Gruppen unterteilt waren. Die Agentur war mit drei Mitarbeiter*innen vertreten und ich selbst wurde als Praktikant vorgestellt. Zwei der Mitarbeiter*innen arbeiteten während der Sequenz mit der einen Gruppe, der dritte Mitarbeiter und ich betreuten die andere Gruppe.

Die erste Testingphase beginnt. Lars betont noch einmal, dass im Design Thinking hypothesenorientiert gearbeitet werde und dass Hypothesen bekanntlich bestätigt oder verworfen werden müssten. Dies sei das Ziel des heutigen Workshops. Er ermutigt alle vier Tester*innen seiner Gruppe ausdrücklich dazu, ehrliches und kritisches Feedback zu geben, denn auch eine verworfene Hypothese bedeute einen Erkenntnisfortschritt. Dann bittet er die Tester*innen, sich an die Stellwand zu begeben. Die Persona ist dort bereits auf ein DIN A3 großes Blatt Papier gedruckt angebracht. Die Schrift des Templates ist relativ klein, so dass sich die Tester*innen in einem engen Halbkreis vor der Stellwand positionieren. Lars stellt sich leicht versetzt von dem Template auf, so dass er sich durch leichte Körperdrehungen entweder der Stellwand oder den Tester*innen zuwenden kann. Auf dem Template befindet sich relativ viel Text, der in verschiedene Rubriken unterteilt die Eigenschaften der Persona wiedergibt. Lars ermutigt die Tester*innen erneut dazu, ihn jederzeit zu unterbrechen und beginnt nun damit, die einzelnen Eigenschaften der Persona Schritt für Schritt durchzugehen, indem er die jeweiligen Textstellen vorliest. Jede dieser Eigenschaften ist als Hauptsatz formuliert und gibt prägnant eine bestimmte Problemlage oder Eigenschaft der idealtypischen Nutzerin wieder. Nach der ersten Eigenschaft hält er inne und richtet seinen Blick nun demonstrativ in Richtung der Tester*innen.

Diese nehmen die eben präsentierte Eigenschaft zum Ausgangspunkt einer Diskussion über ihre persönlichen Erfahrungen im Arbeitsalltag. Es entwickelt sich ein freies Gespräch, gespickt mit Anekdoten über Probleme bei ihrer Arbeit, mögliche Lösungen und gute sowie schlechte Erfahrungen. Vom eben angekündigten Prozess einer klaren Validierung oder Falsifizierung der vorgestellten Hypothesen ist nichts zu sehen. Lars beginnt nun damit, im Gespräch geäußerte Punkte auf Klebezettel zu notieren und um das Persona-Template herum an der Stellwand anzubringen. Auf diese Weise ergänzt er neue Punkte. Es fällt ihm jedoch schwer, mit der Geschwindigkeit der Diskussion Schritt zu halten, weil er zu viele Tätigkeiten gleichzeitig durchführen muss. Das Gespräch zwischen den Tester*innen schreitet erbarmungslos voran und Lars scheint zwischen seinen Aufgaben zerrieben zu werden. In großer Hektik wechselt er hin und her zwischen dem Notieren einzelner Punkte, dem aktiven Folgen der Diskussion, einem Aufmerksamkeit signalisierenden Nicken und dem Versuch, die Diskussion immer wieder zurück zur Struktur des Templates zu bringen, indem er eine neue Eigenschaft der Persona vorließt. Zudem greift er immer wieder in seine Tasche und holt sein Smartphone heraus, um die Zeit zu überprüfen, die für diesen Arbeitsschritt noch zur Verfügung steht. Beim Schreiben richtet er seinen Blick nach unten in seine ausgestreckte linke Hand, in der er die Klebezettel hält, um ihn dann sofort wieder nach oben schnellen zu lassen, um Blickkontakt mit den Teilnehmer*innen zu suchen. Immer wieder und in kurzen Zeitabständen wechselt er auf diese Weise seinen Fokus. Die Anspannung ist ihm deutlich anzumerken. Er schwitzt sehr stark und seine Gedanken scheinen zu rasen. Während er den einen Zettel beschreibt, werden schon wieder neue Punkte angesprochen und es gibt immer wieder ganze Wortbeiträge, die sich nicht an der Stellwand niederschlagen, weil Lars noch damit beschäftigt ist, einen zuvor genannten Punkt zu notieren. Die Tester*innen orientieren sich in ihrem Gespräch nicht an der Struktur, die durch das Template vorgegeben ist und Lars versucht, so gut es eben geht, zwischen Template und Tester*innen zu vermitteln. Obwohl alle Beteiligten direkt vor der Stellwand stehen, ist er der einzige, der Klebezettel beschreibt. Zwar fordert er mich irgendwann dazu auf, ihn beim Mitschreiben von Informationen zu unterstützen, jedoch bin ich mit der Anfertigung meiner eigenen Feldnotizen beschäftigt. Somit finden die Informationen nur über Lars den Weg ans Whiteboard, während sich die Tester*innen ihrer Unterhaltung hingeben und ich mich auf meine Feldnotizen konzentriere... (Notiz 11.06.15)

## I.1 ZEITDRUCK

Die hier beschriebene Sequenz spielt sich über die Dauer eine halben Stunde ab und endet damit, dass Lars auf die Uhr schaut und den Arbeitsschritt für beendet erklärt. Der gesamte Workshoptag ist zeitlich extrem eng getaktet und es bleiben kaum Spielräume für Verzögerungen. Schon bei meiner Ankunft vor Workshopbeginn, äußert eine Mitarbeiterin der Agentur mir gegenüber ihre Besorgnis, dass der Zeitplan eventuell zu straff sei (vgl. ebd.). Bevor das eigentliche Testing beginnt, findet eine Begrüßungsrunde statt, in der auch die beiden anwesenden Vertreter*innen der Auftrag gebenden Organisation einige Grußworte sagen. Hierfür benötigen sie deutlich mehr Zeit als ihnen laut Zeitplan zusteht, weshalb die Organisator*innen von Beginn der Veranstaltung an mit einem zeitlichen Rückstand zu kämpfen haben. Es gibt keine Möglichkeit, um das für 16:30 Uhr geplante Ende des Workshops weiter hinauszuzögern, weil ein Großteil der Tester*innen von außerhalb Berlins angereist ist und nach dem Ende der Veranstaltung zum Zug muss. Beginn und Ende des Workshops sind demnach fix, es steht ein klar begrenzter zeitlicher Rahmen zur Verfügung, innerhalb dessen die geplanten Arbeitsschritte und Testvorgänge Platz finden müssen. Auf diese Weise herrscht für Mitglieder der Agentur von Beginn an eine Atmosphäre großen Zeitdrucks, der sich durch die anfänglichen Verspätungen noch vergrößert, indem die zur Verfügung stehende Zeit weiter schrumpft. Auf diese Weise werden Modifikationen im Zeitplan nötig, die auf eine improvisierte Art und Weise stattfinden, weil es für die Organisator*innen bis zur Mittagspause keine Gelegenheit gibt, sich darüber auszutauschen. Lars' immer wieder erfolgender Griff zum Smartphone dient somit nicht nur zur Kontrolle der bereits verstrichenen Zeit, sondern ist auch Teil einer parallel zum Testing ablaufenden, improvisierten Anpassung des Zeitplans. Irgendwann unterbricht er also den ersten Arbeitsschritt und fordert auch die andere Gruppe dazu auf, zu einem Ende zu kommen, damit er den nächsten Punkt anmoderieren kann.

Hier zeichnet sich ab, dass der Ablauf des Programms nicht primär einer sachlichen Logik unterliegt, sondern durch klar definierte Zeiträume strukturiert ist und somit eher einer formal-zeitlichen Logik folgt. Der obige Arbeitsschritt wird nicht beendet, weil das Zwischenprodukt fertig, sondern weil die Zeit abgelaufen ist. Eine Prüfung des Zwischenprodukts, die es für *gut*, *fertig* oder auch nur *akzeptabel* befinden würde, ist nicht vorgesehen. Es wird so lange weiterentwickelt, wie es in der vorgegebenen Zeit möglich ist und die Phase geht zu Ende, wenn ein äußeres, objektiv durch den Zeitplan vorgegebenes Zeitintervall abgelaufen ist. Luhmann (1968) weist darauf hin, dass die »Anspruchsniveaus« in sachlicher, zeitlicher und sozialer Dimension nicht unabhängig voneinander festgelegt werden können und tendenziell einer Art *Trade-Off* unterliegen. In obiger Sequenz lässt sich demnach die Privilegierung einer zeitlichen gegenüber einer sachlichen Logik beobachten. Die knappe Zeit zwingt »zum Verzicht auf vollständige Ermittlung der relevanten Informationen und auf Abwägung aller denkbaren Alternativen« (ebd.: 145). Die Deadline und der formal durch den Zeitplan vorgegebene Ablauf werden eingehalten, die Persona wird *soweit wie in der Zeit möglich* weiterentwickelt.

Auch in anderen Design Thinking Workshops, die ich beobachten konnte war Zeitdruck ein prägender Zustand. Sie ereignen sich stets als temporäre Zusammenkünfte unterschiedlicher Akteur*innen, sind projektförmig strukturiert und finden somit in einem vorab klar definierten zeitlichen Rahmen statt. Es sind Inseln im normalen Arbeitsalltag der

Workshopteilnehmer*innen, was sich besonders zwischen den einzelnen intensiven Arbeitsschritten zeigt: Wie auf Knopfdruck zücken die Beteiligten ihre Smartphones, checken ihre E-Mails oder führen Geschäftstelefonate, um mit ihrem Arbeitsalltag Schritt zu halten, von dem sie zwar vorübergehend freigestellt sind, der aber im Hintergrund weiterläuft (Notiz 16.06.15). Damit tritt eine Paradoxie zutage, die dem für Design Thinking typischen Zeitdruck zugrunde liegt und die Ulrich Bröckling (2007) allgemein mit Blick auf Kreativitätstechniken und Strategien des Innovationsmanagements beschreibt. Diese Verfahren stehen vor der paradoxen Aufgabe der planvollen Hervorbringung neuer Ideen und Einfälle, die sich durch ihren grundlegend kontingenten Charakter auszeichnen und sich einer strikten Planung prinzipiell entziehen. Sie lassen sich »durch Beharrlichkeit oder Enthusiasmus oder durch beides zusammen ›locken‹, aber man kann sie nicht erzwingen« (ebd.: 153). So steht Design Thinking vor der Schwierigkeit, »serielle Einzigartigkeit [und] Differenz von der Stange« (ebd.: 174) hervorzubringen. Mit der Verwendung von Kreativitätstechniken und sozialwissenschaftlicher Methoden bedient sich das Konzept bei Domänen, die sich in ihrer zeitlichen Struktur grundlegend vom Marktalltag unterscheiden: »Kreativität [und Sozialforschung, T.S.] braucht Muße, der Markt erzwingt Beschleunigung« (ebd.: 179). Aus diesem Gegensatz entwickelt sich der Zeitdruck. Es werden Freiräume geschaffen, in denen der auf dem Markt übliche Verwertungsdruck temporär suspendiert ist, um die Leistungen langfristig zu steigern. Leistungsnormen werden vorübergehend – aber eben nur vorübergehend – außer Kraft gesetzt (vgl. ebd.: 178). Während dieser Phasen müssen Ergebnisse erzielt werden oder die Freiräume verlören ihre Berechtigung. Design Thinking findet unter den Bedingungen des ökonomischen Ideenwettbewerbs statt, wo »Zeit eine knappe Ressource« ist (ebd.: 179). Die zeitliche Logik einer unter Konkurrenzdruck operierenden Unternehmung konfligiert mit jener von Bereichen die inhärent auf Freiräume angewiesenen sind. So überlagert die zeitliche Logik des Marktes die eher sachliche Logik der herangezogenen Verfahren und »[d]as Gebot entfesselter Kreativität untergräbt [ihre] Existenzbedingungen« (ebd.).

In den Pausen der Workshops zeigt sich dann die Fragilität der Zeitinseln, wenn der Arbeitsalltag in Form von E-Mails und Telefonaten wie Wasser in ein Leck geschlagenes Boot wieder einfließt und sich seinen Platz zurückerobert. Die Teilnehmer*innen der Workshops sind vorübergehend von ihrem Alltag abgeschirmt; er läuft jedoch im Hintergrund weiter und sie müssen nach dem Verlassen der Zeitinseln wieder aufschließen – nicht erst nach Workshopende, sondern schon in den Pausen. Die Schaffung von Neuem braucht Zeit und ist auf Freiräume angewiesen. Mit Design Thinking werden diese Freiräume als temporär klar begrenzte Workshops geschaffen, die stets einem Zeitdruck von außen ausgesetzt sind und auf diese Weise ihrerseits möglichst effizient organisiert werden müssen, damit die an sie geknüpften Erwartungen erfüllt werden.

Der Zeitdruck erscheint in der Praxis jedoch nicht nur als äußerer Zwang, sondern wird durch die Arbeit mit Stoppuhren auch konsequent selbst hervorgebracht und ist charakteristisch für die spezifische Arbeitsatmosphäre im Design Thinking. Es werden Freiräume geschaffen, die jedoch ihrerseits konsequent durchstrukturiert sind und einem effizienten Management unterliegen. An der d.school, wo die Projekte mitunter eine Laufzeit von zwölf Wochen (bei zwei Arbeitstagen pro Woche) haben und somit deutlich mehr Zeit als in kleineren Workshops zur Verfügung steht, beginnt jeder Arbeitstag damit, dass sich das Team einen Zeitplan für den jeweiligen Tag erstellt. Ein solcher Zeitplan legt neben dem Anfang und dem Ende des Arbeitstages vor allem fest, wie viel Zeit für die einzelnen Arbeitsschritte zur Verfügung steht. Jeder Arbeitsschritt erfolgt somit im Rahmen einer klar definierten Bearbeitungsdauer, die durch rückwärts laufende Stoppuhren – sogenannte Time Timer – abgemessen und durch einen Piepton beendet wird. Dieses akustische Signal ist während den Arbeitstagen an der d.school und in den Workshops immer wahrnehmbar, terminiert für die Teilnehmer*innen die einzelnen Arbeitsphasen und illustriert für die Beobachterin die Taktung der einzelnen Gruppen und die Dominanz einer zeitlichen Logik. Eine solche Stoppuhr findet sich auf jedem der Gruppenarbeitstische und taucht auch in zahlreichen Bildern und

Illustrationen zum Thema auf. Eine Ikonographie des Design Thinking würde wahrscheinlich neben den Klebezetteln diese Stoppuhr in ihr Zentrum stellen.

## I.2 TIMEBOXING UND DIE LOGIK DER ITERATION

Zeitdruck entsteht also nicht nur durch Druck von außen, sondern wird auch konsequent unterhalb der Ebene von Tagesplänen erzeugt, indem jeder Arbeitsschritt in einem zuvor definierten Zeitintervall durchgeführt wird. Ich konnte im Feld nie beobachten, dass die zeitlichen Vorgaben ignoriert oder der zeitliche Rahmen deutlich gesprengt wurden. Häufig steigt der Zeitdruck zum Ende einer Arbeitsphase nochmal deutlich an, was zu einer weiteren Beschleunigung des Arbeitstempos führt; die Deadline wird aber in aller Regel eingehalten und es findet keine Infragestellung der zeitlichen Vorgaben statt. Die Durchführung einzelner Arbeitsschritte innerhalb eines festen Zeitrahmens ist eine Technik des Projektmanagements, die sich vor allem im Bereich agiler Softwareentwicklung[5] etabliert hat. Sie wird dort mit dem Begriff des Timeboxing (vgl. Jalote et al. 2004) bezeichnet und ist Teil einer iterativen Logik, in der einzelne klar definierte Ziele innerhalb fester und überschaubarer Zeitintervalle angestrebt werden. Am Ende eines jeden Zeitabschnitts sollen die vorläufigen Ergebnisse getestet werden, um darauf aufbauend den jeweils nächsten zu planen. Demnach lässt sich

---

5 Bei der agilen Softwareentwicklung, deren bekannteste Ausprägung derzeit Scrum ist, handelt es sich um spezifische Verfahren der Organisation und sozio-kulturellen Formgebung der Arbeit am Code (vgl. Schmidt 2012: 183-189). Programmieren wird dabei als »kollektiver, körperlicher und öffentlicher Prozess verstanden, der von vornherein auch die Kooperation mit den Kunden einschließt, die ins Entwickler-Team integriert werden sollen« (ebd.: 186). Design Thinking wird selbst den agilen Methoden zugerechnet (vgl. Komus 2014), wobei ein systematischer Vergleich mit agiler Softwareentwicklung noch aussteht.

die iterative Logik als Adressierung des prinzipiellen Konkurrenzverhältnisses von zeitlicher und sachlicher Sinndimension begreifen. Denn während Luhmann (1968) darauf verweist, dass »innerhalb der Angelegenheiten, die unter Zeitdruck stehen, die sachliche Ordnung der Werte nur verzerrt zum Zuge kommt, ja unter Umständen [...] ganz überspielt wird« (ebd.: 148-149), kann Iteration als Versuch interpretiert werden, dieses Problem durch Feedbackschleifen zu umgehen. Die häufige Rückbindung an eine Bezugswirklichkeit in Form von Tests soll so gewährleisten, die sachliche Dimension trotz zeitlicher Beschränkungen adäquat zu berücksichtigen – sie wird gewissermaßen ausgelagert.

Iteration gilt auch als Kernprinzip des Design Thinking. Dem in obiger Sequenz beschriebenen Testing ging beispielsweise schon eine Erhebung voraus, in der eine vorläufige Persona generiert worden war, die dann im Workshop durch Feedback weiterentwickelt werden sollte. In der Design Thinking Ausbildung ist das Kennenlernen der iterativen Logik ein zentraler Bestandteil und sie wird den Lernenden als grundsätzliche Arbeitseinstellung, als *Mindset* vermittelt, die schneller zu besseren Ergebnissen führen soll. Diese Überlegenheit wird in der Ausbildung anhand von Spielen unmittelbar erlebbar gemacht. An einem dieser Spiele – dem Velocity Game[6] – konnte ich selbst teilnehmen:

Wir spielen das Velocity Game. Ziel des Spiels ist es, mehr ›Magic Pens‹ als die anderen Gruppen herzustellen. Magic Pens entstehen, indem wir als Gruppe Stifte auf eine vorgeschriebene Weise zwischen uns zirkulieren lassen. Es gibt 5 Gruppen, die aus jeweils 5 Personen bestehen. Das Rezept zur Herstellung eines Magic Pens ist an die Wand projiziert:

6 In der Scrum-Ausbildung findet das Spiel unter dem Namen Ball-Point-Game statt. Darin werden statt magischer Stifte, magische Bälle erzeugt. Für eine ethnographische Beschreibung siehe Schmidt (2012: 191-193).

1. Every team-member has to touch the pen at least one time.
2. The pen is not allowed to touch the ground.
3. You cannot pass the pen to your direct neighbor.
4. The pen cannot be touched by 2 people at the same time.
5. The first person to touch the pen, has to be the last person to touch it as well.

Jan, der Coach, liest die Regeln einmal vor und lässt sie dann weiterhin für alle lesbar an der Wand stehen. Er kündigt an, dass er bei weiteren Fragen zu den Regeln lediglich an die Wand deuten und keine zusätzlichen Erklärungen liefern wird. Alles was wir wissen müssen, stehe dort. Das Spiel wird in fünf Runden stattfinden. Jede Runde dauert eine Minute und zwischendrin stehen uns jeweils zwei Minuten zur Verfügung, um aufbauend auf unseren Erfahrungen die nächste zu planen. Bevor die erste Runde beginnt, muss jede Gruppe eine Schätzung darüber abliefern, wie viele Magic Pens sie in dieser Runde herstellen wird. Jan notiert diese Schätzungen in einer Tabelle an der Stellwand, so dass sie für alle sichtbar sind. Nun geht es ohne Umschweife los. Jan gibt das Startsignal und die erste Runde läuft. Wir stellen uns in einem kleinen Kreis auf und versuchen als Gruppe einen Rhythmus zu finden und dem Algorithmus zu folgen, der noch immer an der Wand zu lesen ist. Die Runde geht schnell zu Ende, unser Output ist recht niedrig aber vergleichbar mit dem der Anderen. Wir geben unsere Stückzahl an Jan durch, der sie neben unsere Schätzung notiert. Die zwei Minuten Vorbereitungszeit laufen schon und wir beginnen nun, im Raum nach Hilfsmitteln zu suchen, mit denen wir unseren Output erhöhen können. Wir stellen zwei Stehhocker in unsere Mitte, um Regel zwei – ›The pen is not allowed to touch the ground‹ – und Regel vier – ›The pen cannot be touched by 2 people at the same time‹ – leichter befolgen zu können, indem wir die Stifte dort ablegen können, anstatt sie uns zuzuwerfen. Auch holen wir uns mehr Stifte, um die Zahl der in Produktion befindlichen Magic Pens erhöhen zu können, und schon geht es wieder los. Jan fragt nach unserer neuen Schätzung und gibt das Startsignal. Wir rücken näher zusammen und nehmen unseren Rhythmus aus der ersten Runde wieder auf. Wir sind nun schon deutlich eingespielter und schaffen es schon deutlich mehr Magic Pens herzustellen als in der ersten Runde. Unsere Arme überkreuzen sich wild und unsere Körper verbinden sich zu einer Magic-Pen-Maschine. Wieder geht die Produktionsphase zu Ende und wieder betreiben wir Buchhaltung und vergleichen unseren Output mit der Schätzung. So wiederholt sich das Spiel noch drei weitere Runden, in denen wir unseren Prozess weiter optimieren. Unser Output wird immer höher. (Notiz 04.06.15)

Das Lernziel des Velocity Game erschließt sich den Teilnehmer*innen unmittelbar, ohne dass es weiterer Erklärungen bedürfte: Durch eine iterative Arbeitsweise arbeitet man produktiver, als wenn man lange plant. Zwar hat keine der Gruppen wirklich ausprobiert, wie viele Magic Pens mit längerer Vorbereitungszeit und nur einer Produktionsrunde entstanden wären, aber eine solche Arbeitsweise ist auch nicht Teil des Design Thinking. Aufgabe des Spiels ist es nicht, experimentell herauszufinden, auf welche Weise sich die meisten Magic Pens erzeugen ließen, sondern allen Teilnehmer*innen die Erfahrung iterativen Arbeitens zu ermöglichen. Dementsprechend kurz fällt auch die Reflexion des Erlebten aus. Jan hält einen kurzen Vortrag, für den er sich aber im Vorfeld schon entschuldigt, weil die Teilnehmer*innen nun ohnehin wüssten, was Iteration bedeute – besser als er es je erklären könne. »I don't want to waste your time. I don't want to keep you too long from working on your projects« (ebd.). Lediglich seine Weigerung, weitere Fragen zu den Regeln zu beantworten, erläutert er etwas ausführlicher und als zusätzliches Learning: »These are free markets. The rules are clear for everyone and it is up to you what you make out of it« (ebd.). So wird die häufig implizit bleibende, aber durch Zeitknappheit stets präsente Einbettung in ökonomische Kontexte explizit thematisiert und die Individuen werden daran erinnert, auf freien Märkten agierende Subjekte zu sein, wo sie sich der Konkurrenz stellen müssen.

Weil immer unter Zeitdruck und immer auf ein vorläufiges Zwischenergebnis hingearbeitet wird, entsteht im Design Thinking ein Gefühl permanenter Dringlichkeit, aber auch permanenten, schrittweisen Fortschritts. Während meinen Beobachtungen fiel mir immer wieder eine konsequente Abwertung bloßen Elaborierens auf, dem stets ein

Tun entgegengesetzt wurde, das als Herstellung vorläufiger Zwischenergebnisse verstanden wird. Ein nicht unmittelbar ergebnisorientiertes Denken erscheint als langsam und zeitraubend – als Zögern, Zaudern und Grübeln – während das Tun als dynamisch und zielführend gilt. Dieses Selbstverständnis ist im Motto der d.school in Potsdam auf den Punkt gebracht: »Don't wait. Innovate!« (HPI School of Design Thinking 2015e). Damit ist eine Internalisierung von Dringlichkeit zum Ausdruck gebracht, die Design Thinking mit der Zeitknappheit ökonomischer Kontexte harmonieren lässt und sich mir im Feld als konsequente Ablehnung langer Diskussionen zeigte. In folgender Sequenz sprach ich mit einem Coach an der d.school, während sein Team in die Arbeit vertieft war:

Jan sagt, dass er im Diskutieren immer die Gefahr sehe, Zeit zu verschwenden. Durch zu lange Diskussionen verliere man gute Ideen aus den Augen. Man müsse, statt lange zu diskutieren, lieber Prototypen bauen und diese dann testen. Denn auf diese Art und Weise laufe man nicht Gefahr, sich zu verlieren und am Kunden vorbei zu entwickeln… (Notiz 04.06.15)

Diese Aussage entspricht einer lehrbuchgemäßen Wiedergabe des Prinzips der Iteration, in der sich das Team in Rekursions- und Feedbackschleifen nach und nach seinem Ziel annähert. Durch die Herstellung von Zwischenergebnissen bleibt es einerseits handlungsfähig, indem nicht-zielführende Diskussionen vermieden werden und erfährt andererseits durch den Kontakt zu Nutzer*innen inhaltliche Orientierung. Die *Nutzernähe* des Produkts entsteht in dieser Logik durch Feedbackschleifen, in denen zwischen Kundenbedürfnissen und Produkt eine immer bessere Passung erreicht werden soll. Diese Logik korrespondiert auch mit dem propagierten Selbstbild der aktiven Macherin, die Dinge vorantreibt. »This is what happens at d.school: it makes you do stuff, it ignites the maker spirit« (Notiz 08.07.15).

Etwas tun, anstatt lange zu überlegen; ergebnisorientiert voranschreiten, anstatt zu räsonieren[7] – in der von mir beobachteten Praxis gelang es den Teams nicht immer eine derartige Stringenz an den Tag zu legen und sich gemäß ihrer dichotomen Unterscheidung zwischen Handeln und Denken auf der Seite des Handelns zu verorten. Sie gelangten in ihrer Arbeit nicht immer ohne Weiteres zu Erkenntnissen, mit denen sie geradewegs weiterarbeiten konnten. Durch wiederholten Austausch mit den Nutzer*innen soll gewährleistet werden, in ihrem Sinne zu entwickeln, doch das Wissen über die Nutzer*innen offenbarte sich nicht immer unmittelbar. Während meiner Beobachtung kam es auch zu Momenten, in denen es den Akteur*innen unklar war, wie sie weiter vorgehen sollten, weil es ihnen nicht gelang, aus dem Kontakt mit den potentiellen Nutzer*innen Orientierung in der sachlichen Dimension zu erfahren:

Das Projekt an der d.school befindet sich in Woche 5 und läuft somit schon eine Weile. Einmal waren die Beteiligten schon im Feld, um Daten über die Nutzer*innen zu erheben. Konkret entwarfen sie dazu zwei verschiedene Fragebögen, die jetzt ausgewertet werden sollen. Drei Personen machen sich, auf dem Boden sitzend, an die Auswertung der beiden Fragebögen. Zum einen handelt es sich um DIN A4-Blätter mit Selbsteinschätzungen zu verschiedenen Fragen und zum anderen um DIN A5-Blätter mit der ordinalen Zuordnung zu unterschiedlichen Polen, beispielsweise Anerkennung vs. Desinteresse. Zunächst legen sie sämtliche Blätter auf dem Boden aus. Bei Standort A wurden 16 Personen befragt, bei Standort B 10, so dass nun 2x16 und 2x10 Blätter auf dem Bo-

7 Die Fragilität dieser Unterscheidung stellt auch die Akteure selbst immer wieder vor Schwierigkeiten. So zum Beispiel Ulrich Weinberg, den Leiter der d.school in Potsdam, bei einem Vortrag auf dem Entrepreneurship Summit 2012 an der Freien Universität Berlin: »Der beste Weg, den die bisher gefunden haben, ist einfach die Art und Weise wie Designer […] intuitiv arbeiten. Deshalb heißt das Ganze auch Design Thinking. Man könnte es auch Design Doing nennen, weil es ist Design Thinking and Doing« (Weinberg 2012: 6:35min).

den liegen. Auf diese Weise können die drei mit den Blättern nichts anfangen. Deshalb fassen sie den Entschluss, für jeden Erhebungsort und jeden Fragebogentyp, jeweils eine Seite anzufertigen, auf die alle Antworten übertragen werden, um quanitative Häufungen erkennen und die Standorte vergleichen zu können. Auf diese Weise transformieren sie nun 52 Blätter in vier Blätter, die sie dann wiederum nebeneinander legen, um sie zu vergleichen. Auf diesen vier Blättern sind nun die jeweiligen Häufigkeiten ablesbar.
Die Akteur*innen versuchen nun, über einen rein visuellen Zugang zu den Ergebnissen Tendenzen und Häufigkeiten zu erkennen, anstatt die Ergebnisse auszuzählen. Besondere Auffälligkeiten zeigen sich ihnen jedoch erstmal nicht. »Ja, hmm. Not so interesting!«, »Not so interesting I guess!«, »It's almost the same«, »It's not such a big difference, *great*!«. Robert beginnt nun damit, Pfeile in die Blätter zu zeichnen um Tendenzen zu verdeutlichen. Er fängt unten an, kommt dann jedoch ins Stocken, weil er bei bestimmten Antworten keine klare Tendenz erkennen kann. Dieses Problem löst er nun durch das Zeichnen von beidseitigen Pfeilen, was ihn aber zu keinen Erkenntnissen verhilft. Eine klare Tendenz zeichnet sich einfach nicht ab. Mit der Frage »Any takeaways then?« schließt er die Phase irgendwann ab. Jens sagt, dass er die Produktidee von letzter Woche immer noch gut fände, woraufhin Robert meint, dass er ihr immer noch kritisch gegenüber stehe. Daraufhin beenden sie diese Phase, stehen wieder auf und gehen zum nächsten Arbeitsschritt über. (Notiz 04.06.15)

In dieser Sequenz versuchen sich die Mitglieder des Team einen Überblick über die Bedürfnisse ihrer Zielgruppe zu verschaffen, indem sie Fragebögen auswerten, die sie im Vorfeld an potentielle Nutzer*innen ausgeteilt haben. Es handelt sich dabei der Form nach um ein sehr kleines quantitatives Forschungsprojekt. Die Auswertung erfolgt jedoch nicht nach statistischen Methoden, sondern auf eine intuitive und haptische Art. Roberts Versuch, durch das Einzeichnen von Pfeilen eine Tendenz sichtbar zu machen, ist hierfür charakteristisch. Er denkt mit den Händen, versucht Regelmäßigkeiten unmittelbar visuell greifbar zu machen und scheitert schließlich, weil sich ihm kein Muster offenbart. Sein Handeln ist in dieser Sequenz durch die Abwesenheit einer Theorie zur Auswertung der Daten geprägt. So gelingt es ihm nicht, Erkenntnisse zu gewinnen, auf denen in der weiteren Entwicklung aufgebaut werden könnte. Während in quantitativer Forschung die Häufigkeiten in Zahlenwerte übersetzt würden, um sie so Berechnungen und der Theorie zugänglich zu machen, versucht Robert durch das Einzeichnen von Pfeilen unmittelbar auf die hinter den Fragebögen vermutete Realität zu blicken und scheitert dabei. Anstatt weitere Anstrengungen zu unternehmen, um aus den Fragebögen Bedeutung zu generieren, schweift die Gruppe in eine Diskussion aus der Vorwoche über ein mögliches Endprodukt ab. Die Phase geht also ohne Zwischenergebnis zu Ende.

In der iterativen Vorgehensweise des Design Thinking wird vermieden, sich in Fragestellungen und Problemen *festzubeißen.* Die Aufgaben sollen mit Leichtigkeit von der Hand gehen und keine zu hohen analytischen Herausforderungen darstellen. Zwar werden Techniken angewandt, die der Form nach an Vorbilder aus der Sozialforschung erinnern, jedoch wird auf die zugehörige Theorie verzichtet. Eine statistische Auswertung wird hier ersetzt durch das intuitive Begreifen oder eben Nicht-Begreifen von Verteilungen. Kommt kein Ergebnis zustande oder wird der intellektuelle (und damit auch zeitliche) Aufwand zur Generierung von Erkenntnissen zu groß, wird andernorts weitergearbeitet. Das Team gräbt an einer Stelle weiter, wo der Boden für seine Mitglieder weicher erscheint, und es ist zweitrangig wo genau das ist. Häufig hängt am Ende einer Arbeitsphase oder von Brainstormingrunden die Stellwand voller Klebezettel und es stellt sich die Frage, mit welcher der zahlreichen Ideen nun weitergearbeitet werden soll. Um dann das Voranschreiten des Prozesses zu sichern und den drohenden Stillstand zu vermeiden, kommt eine Strategie zum Tragen, in der im Schnellverfahren abgestimmt wird und jedes Teammitglied eine gewisse Anzahl von Klebepunkten auf die von ihm oder ihr präferierten Klebezettel anbringt (vgl. ebd.; Notiz 16.06.15). Auf diese Weise wird eine inhaltliche und zeitintensive Diskussion über die Ideen konsequent vermieden. Statt die Frage nach der besten Idee anhand inhaltlicher Kriterien zu adressieren, wird ihre Beantwortung in die individuellen Präferenzen der Akteur*innen verlagert und nach dem Mehrheitsprinzip gewählt. So kann dem jeweiligen Arbeitsschritt ein klares Ende gesetzt werden und das Voranschreiten des Prozesses wird sichergestellt. Für alle Beteiligten ist nun es klar, mit welcher Idee fortan weitergearbeitet wird und die Gruppendynamik bleibt erhalten.

## Aktivierung und Synchronisation der Subjekte

Neben der prozessstrukturierenden Funktion des Time-Boxing lassen sich auch aktivierende und disziplinierende Effekte beobachten, die auf die Individuen wirken. »Ist Ihnen jemals aufgefallen, wie effektiv Sie plötzlich arbeiten, wenn etwas zu einem gegebenen (relativ nahen) Zeitpunkt fertig sein muss? Sie trödeln nicht herum, konzentrieren sich aufs Wesentliche, fokussieren sich auf Ihr Ziel. Mit Time-Boxing kann man diese Fokussierung bewusst herbeiführen« (Scrum-Master 2015). Auf ein gemeinsames ›Go‹ beginnt die Gruppe mit dem jeweiligen Arbeitsschritt, das Piepgeräusch der Stoppuhr beendet diesen wiederum für alle Beteiligten.[8] Zwischen dem Start- und Stoppsignal ist volle Präsenz gefordert und die gesamte Aufmerksamkeit gilt ausschließlich der jeweiligen Aufgabe. Durch Time-Boxing findet also nicht nur eine zeitliche, sondern auch eine sachliche Festlegung statt. *Was* und *wie lange* es bearbeitet wird, ist gleichermaßen fixiert. »Terminierung stellt einem Thema gleichsam künstlich die Frage Sein oder Nichtsein. Andere Angelegenheiten können aufgeschoben und immer noch bearbeitet werden. Befristete Arbeiten müssen dagegen durchgeführt werden – oder sie verlieren ihren Sinn« (Luhmann 1968: 147). Jeder Arbeitsschritt besteht in der Durchführung *einer* bestimmten Methode (siehe Kapitel II.6), die jeweils so strukturiert ist, dass die Aufgaben als durchweg bewältigbar erscheinen und keine Blockaden entstehen, welche die Zusammenarbeit bremsen könnten. In der folgenden autoethnographischen (vgl. Chang 2008) Aufzeichnung, die ich nach der Teil-

---

8 Die Synchronisierung der Individuen erfolgt bis auf die Ebene ihrer einzelnen Handlungen auch durch den spezifischen Aufbau der Methoden im Design Thinking (siehe Kapitel II.6 und III.2).

nahme an einem Design Thinking-Workshop angefertigt habe, kommt dieser aktivierende Aspekt deutlich zum Ausdruck:

Es war ein etwas eigenartiges Gefühl, wie leicht es mir während des Workshops von der Hand ging, mit meiner Interviewpartnerin ein angeregtes Gespräch zu führen, mir einzelne Insights zu notieren und aus diesen Insights wiederum einen Need, ein Bedürfnis abzuleiten. Ich fühlte mich während der Arbeit auf gewisse Weise beobachtet, was mich dann umso mehr dazu anregte, meine Notizen schwungvoll zu machen und mich visuell auszudrücken. Irgendwann kam eine Brainstormingrunde, in der ich mich auch völlig dem Prozess hingab, auf den Ideen anderer aufbaute und energisch nickte, wenn andere ihre Ideen äußerten. Nur auf den Augenblick bezogen war dies ein Gefühl der vollkommenen und anstrengungslosen Pflichterfüllung. Der Prozess war in kurze, maximal vierminütige Phasen unterteilt und gab mir ein Gerüst vor, in dem ich aktiv sein konnte, ohne dabei die Sorge zu haben, scheitern zu können. Es gab keine Anforderungen, die nicht bewältigbar waren. Stets war klar, dass in diesen sehr kurzen Phasen noch keine endgültigen Ideen entstehen können. Ich hatte das Gefühl, dass es nur darauf ankommt, mit ersten Ideen einen Grundstein zu legen. Später können sie immer noch weiterentwickelt werden.

Ich konnte meine Verantwortung vollkommen an den Prozess abgeben, um mich dann nur noch den recht kleinen, jeweils bewältigbaren Aufgaben hinzugeben. Zu keinem Moment war meine Idee nicht gut genug, denn zu keinem Moment fand eine Prüfung statt. Alles was gesagt wurde, galt als wertvoller Beitrag zum Prozess oder zum Endprodukt und wurde dementsprechend wertgeschätzt. Es wurde nicht vom Endprodukt her gedacht, sondern wir machten uns auf eine Reise ins Unbekannte, während der wird lediglich einen Fuß vor den anderen setzen mussten. (Notiz 10.06.15)

Durch die zeitlichen Begrenzungen arbeitet man auf eine Deadline hin und es entsteht ein Charakter der Vorläufigkeit der jeweils generierten (Zwischen-)Ergebnisse. Die Teilnehmer*innen sind vom Anspruch befreit, ausgereifte, durchdachte oder vollendete Beiträge zu liefern und sollen stattdessen möglichst viele Ideen hervorbringen – »Go for

Quantity« ist eine der Regeln, die an der d.school an den Wänden hängen (siehe Kapitel II.1) und mit denen auch in anderen Workshops der Raum dekoriert wurde. So wird unter Zeitdruck eine Atmosphäre der Offenheit kultiviert, in der jede geäußerte Idee als wertvoller Beitrag erscheint und eine Bewertung des Geäußerten explizit vermieden wird. »Defer Judgement« ist eine weitere Regel. An das Endprodukt soll im Arbeitsprozess noch nicht gedacht werden. Das Anspruchsniveau wird herabgesetzt und die Zeit für Entscheidungen radikal verkürzt, weil »man aus vielen brauchbaren Lösungen die ›erste beste‹ wählen kann, und [...] man nicht gehalten ist, höchste Ideale oder einzig-richtige Lösungen anzustreben« (Luhmann 1968: 146). Es wird lediglich darauf vertraut, dass der Prozess an ein Ziel führen wird, wenn man ihn nur entlang der einzelnen Schritte durchläuft. »Mit dem sechsstufigen iterativen Design Thinking Innovationsprozess navigiert das Team sich in den Lösungsraum« (HPI School of Design Thinking 2015a). Die Akteur*innen lernen auf diese Weise, dass sie dem Prozess vertrauen können. So äußerte sich eine Teilnehmerin nach einem mehrtägigen Workshop: »We trusted the process! I was very confused yesterday, but now we came up with an idea! The process is more clever than us!« (Notiz 18.06.15).

Das Individuum wird fest eingebunden in die spezifische Temporalität der Methodik – in ihr Wechselspiel aus hochintensiven Phasen der Aktivität und kurzen Erholungspausen. So entsteht ein Rahmen, innerhalb dessen Verantwortung für die Organisation des Prozesses und die Strukturierung der Inhalte (siehe Kapitel II.6) vom Individuum abfällt und es, nur als kreatives Subjekt adressiert, Ideen hervorbringen kann und muss. Die einzelnen Personen werden so zeitlich und in ihren Denkbewegungen synchronisiert. Sie werden zum Organismus, der im spezifischen Wechselspiel aus Aktivitäts- und Ruhephasen pulsiert. Design Thinking ist Wissensarbeit im Rhythmus des Zirkeltrainings, während akademisches Forschen eher einem Dauerlauf gleicht. Im ersten Fall sind die Phasen der Aktivität durch zeitliche Vorgaben klar bestimmt und die Individuen in ihren Bewegungsabläufen synchronisiert.

Im zweiten Fall läuft man im eigenen Tempo so lange, *bis man eben da ist.*

## I.3 ZEITNOT

Der Unterschied zwischen akademischen Forschen und Design Thinking wird an einem weiteren Aspekt deutlich: Neben dem Zeitdruck, der durch einen objektiv begrenzten zeitlichen Rahmen entsteht, gibt es in bestimmten Situationen des Design Thinking-Prozesses einen Zustand, der sich in Abgrenzung dazu als Zeitnot[9] beschreiben lässt. Dieser Zustand tritt dann ein, wenn Kontakt zu den Nutzer*innen aufgebaut und eine konzeptspezifische Form der Empirie betrieben wird. Er zeigt sich deutlich in der zu Beginn des ersten Kapitels beschriebenen Sequenz und resultiert primär aus Lars' Versuch, in Echtzeit und ohne dokumentarische Hilfsmittel, die in der Diskussion geäußerten Informationen zu verarbeiten. Hier zeigt sich die Empirie im Design Thinking als Praxis mit dem Anspruch der *Gleichzeitigkeit.*

9 Zeitdruck entsteht durch das Aufeinandertreffen von Aufgaben und dafür zur Verfügung stehenden begrenzten Zeiträumen. Zeitnot hingegen verweist nicht allein auf einen von außen wirkenden mehr oder weniger knappen Zeitrahmen, sondern entsteht in Relation zu anderen Prozessen innerhalb dieses Rahmens. Im Schach entsteht Zeitnot, wenn in einem mit Schachuhr ausgetragenen Spiel ein Spieler mehr Zeit als sein Gegner verbraucht hat und ihm gegen Ende der Partie relational weniger Bedenkzeit pro Zug zur Verfügung steht (vgl. Bönsch 1988: 122-124.). Zeitnot entsteht also nicht per se durch die Verwendung einer Schachuhr, sondern nur dann, wenn eine Seite es schafft, ihre Züge schneller zu machen als die andere Seite. Man kann der gegnerischen Seite also eine »psychologische Falle« (Suetin 1981: 146) stellen, indem man sie durch schnelle Züge in Zeitnot bringt. Zeitnot ist demnach ein relationaler Begriff, der immer von der Spielgeschwindigkeit der anderen Seite – und allgemeiner formuliert, von der Temporalität anderer Praktiken – abhängt.

Lars gerät in der eingangs zitierten Sequenz in Zeitnot, weil er mit der Geschwindigkeit der Konversation zwischen den Teilnehmer*innen nicht mithalten kann. Während diese sich lediglich einem eher zwanglosen Gespräch über ihre Erfahrungen im Arbeitsalltag hingeben, versucht Lars diesem Gespräch zu folgen und das darin Geäußerte simultan mit seinen im Vorfeld gewonnenen Erkenntnissen zu vergleichen. Der Verlauf der Diskussion gibt das Tempo vor; »die Praxis rollt in der Zeit ab« (Bourdieu 1987: 149) und Lars versucht Schritt zu halten. Er bemüht sich, die Äußerungen der Tester*innen in Echtzeit zu verstehen, zu analysieren, zu selektieren usw., während er zudem als Diskussionsleiter und Verantwortlicher für den zeitlichen Ablauf des Tages fungiert. Er ist in die Praktik der Testdurchführung voll und ganz eingebunden und trifft seine Entscheidungen »*auf der Stelle*, augenblicklich und in der Hitze des Gefechts, d.h. unter Bedingungen, unter denen Distanzgewinnen, Zurücklehnen, Überschauen, Abwarten, Gelassenheit ausgeschlossen sind« (ebd.: 150). Welche Informationen schlussendlich den Weg auf Klebezettel finden, ist nicht das Resultat eines von zeitlichen Zwängen entbundenen Reflexionsprozesses, sondern Ergebnis intuitiv und in Zeitnot getroffener Entscheidungen. Lars hat keine Möglichkeit, in Ruhe über das Geäußerte nachzudenken und so den *Umweg* der Theorie zu gehen, sondern ist vom zeitlichen Ablauf des Geschehens vollkommen absorbiert und unter Zugzwang gesetzt. Seine (Über-)Beanspruchung ist ihm in dieser Situation deutlich anzumerken. Starkes Schwitzen, die Aufforderung an mich, ihn beim Notieren von Stichworten zu unterstützen und sein in extrem kurzen Zeitabständen hektisch hin- und herwechselnder Blick deuten auf die Schwierigkeiten hin, vor die ihn die gleichzeitige Ausführung all dieser Tätigkeiten stellt. Dies erscheint ihm jedoch nicht als Sonderfall oder als Problem der Güte der generierten Ergebnisse, sondern gilt als die ganz normale Form der Datenerhebung im Design Thinking: In einem Gespräch in der Mittagspause desselben Tages teile ich ihm mein Staunen über seine Multitasking-Fähigkeiten scherzhaft mit, worauf er einräumt, dass diese Phasen »tatsächlich immer etwas stressig« (Notiz 11.06.15) – und als solche offensichtlich absolut normal – sind.[10]

Meine erste Einschätzung der Situation, wonach das Testing aufgrund der Verspätungen zu Beginn des Workshoptages besonders schnell und improvisiert stattfinden musste, deckt sich also nicht mit der Sichtweise der Akteur*innen. Für Lars ist es normal, mit den Äußerungen der Tester*innen irgendwie in Echtzeit fertig zu werden, weil sich im Design Thinking aufgrund der begrenzten zeitlichen Ressourcen keine Technologien der Entzeitlichung etabliert haben, wie sie die qualitative Sozialforschung kennt. Es werden keine Tonbandaufnahmen und Transkriptionen angefertigt, mit denen man zu den Äußerungen der Befragten zurückkehren und sie genauer untersuchen könnte. Stattdessen ist die Einhaltung des zeitlichen Rahmens für Lars die relevante Größe. Zweifel hinsichtlich der Qualität, der so gewonnenen Erkenntnisse, scheinen bei ihm nicht aufzutreten. In den Selbstbeschreibungen des Design Thinking finden sich zahlreiche Referenzen zu qualitativer Sozialforschung und es könnte demnach nahe liegen, das Konzept vorschnell anhand ihrer Qualitätskriterien zu beurteilen, was die Arbeit in Zeitnot als Problem erscheinen ließe. Qualitative Forschung ist eine in starkem Maße entzeitlichte Praxis.[11] Die Schritte

10 Wenn ich hier Design Thinking und akademische Forschung zueinander in Relation setze, soll nicht gesagt sein, dass Design Thinking falsche und die Forschung eben wahre Erkenntnisse liefert. Auffällig sind stattdessen die jeweils unterschiedlichen Mischformen der adressierten Sinndimensionen. Im Design Thinking werden bestimmte Fragen, die in der Forschung ausdiskutiert oder inhaltlich begründet werden müssten, schlicht nicht entlang einer sachlichen Sinndimension adressiert – ohne dass dies in diesem Kontext ein Problem darstellt.

11 Bourdieu beharrt darauf, dass Wissenschaft keine Zeit kennt. »Die wissenschaftliche Praxis ist derart entzeitlicht, daß [sic!] sie gern sogar den bloßen Gedanken an das von ihr Verdrängte verdrängt: weil sie nur in einem Verhältnis zur Zeit möglich ist, das dem der Praxis diametral entgegengesetzt ist, trachtet sie die Zeit zu ignorieren und damit die Praxis zu entzeitlichen«

der Datenerhebung und Auswertung liegen oft Monate auseinander. Man kann ein Interviewtranskript immer wieder neu konsultieren und auch nach einer teilnehmenden Beobachtung kann man später »*lesen,* was man geschrieben hat, und gewinnt zeitlichen Abstand zu den eigenen Äußerungen« (Hirschauer 2001: 444). Design Thinking ereignet sich hingegen als sequentielle Abfolge von Jetztzeiten und ist durch die Unumkehrbarkeit der aufeinanderfolgenden Geschehnisse gekennzeichnet (vgl. Schmidt 2012: 51-52). Lars muss in der beschriebenen Situation an der Diskussion *dranbleiben.* Die Äußerungen, welche er im Eifer des Gefechts nicht registriert und auf Klebezettel notiert, gehen verloren. Nur was ihm unmittelbar wichtig genug erscheint, um seine umhereilende Aufmerksamkeit auf sich zu lenken, wird registriert. Zwar bin auch ich als Beobachter in der obigen Sequenz mit dem Problem der Zeitnot konfrontiert und fertige meine Feldnotizen hochselektiv an, jedoch kann ich mich voll und ganz auf das Schreiben konzentrieren. Ich verwende keinen Gedanken an die erst Wochen später stattfindende Auswertung des Notierten, sondern stehe leicht abseits, betrachte »die Handlung von außen wie ein Objekt [...] aus einer Gesamtsicht« (Bourdieu 1987: 49) und schwitze, wenn überhaupt, nur schwach.

Welche Aussagen lassen sich über Design Thinking nun also treffen, nachdem ich es anhand seiner Temporalität untersucht habe? Es ist auffällig, wie stark der Prozess durch bestimmte zeitliche Vorgaben

(Bourdieu 1987: 149). Diese Betonung einer absoluten Zeitlosigkeit von Forschungspraktiken ist in meinen Augen vor allem für Bourdieus Argument wichtig, um die spezifische Zeitlichkeit von Praktiken zu betonen. Jedoch sind auch die Praktiken des Forschens und Theoretisierens Praktiken mit eigener Temporalität. Robert Schmidt (2012) bemerkt in diesem Kontext, dass eine »ausgedehnte reflexive Praxeologie der zeitlichen Logik wissenschaftlicher Arbeit« (ebd.: 54) noch ausstehe, die auch »Berichtsfristen, anstehende Begutachtungen, auslaufende Projektfinanzierungen, Publikationstermine und Ähnliche[s]« (ebd.) in die Analyse mit einbezieht (vgl. auch Hirschauer 2008: 170).

strukturiert wird – viel stärker als durch inhaltliche Fragestellungen. Die Art und Weise der Ideengenerierung scheint wichtiger als die Frage zu sein, was genau entwickelt wird. Im Vertrauen, durch das genaue Befolgen des Prozesses zu einem Ergebnis zu gelangen, wird es vermieden, die Zwischenergebnisse entlang inhaltlicher Kriterien zu bewerten. Die Frage nach dem ›Wie‹ ist wichtiger als die Frage nach dem ›Was‹; die zeitliche Sinndimension wird gegenüber der sachlichen privilegiert. Im Design Thinking werden zwar Verfahren angewandt, die an Vorbilder aus der empirischen Sozialforschung erinnern, jedoch werden die in der Wissenschaft praktizierten Auswertungsverfahren nicht mit übernommen, weil die zeitlichen Voraussetzungen dafür nicht vorhanden sind. Die Arbeit mit erhobenen Daten findet so ohne expliziten Bezug auf Theorien statt und erfolgt ebenfalls unter Zeitdruck, so dass sich eine andere Forschungspraxis etabliert, als es in akademischen Kontexten der Fall ist. Die Methoden werden der Form nach übernommen, ihre Funktion scheint aber eine andere zu sein als in der Wissenschaft. Nicht Erkenntnisgewinn steht an oberster Stelle, sondern das dynamische Voranschreiten als Gruppe. Vor dem Hintergrund meiner offenen Ausgangsfrage ›Was leistet Design Thinking?‹ deutet sich auf diese Weise an, dass weniger das Endprodukt im Fokus steht, als der Prozess selbst.

Design Thinking etabliert einen Modus der Zusammenarbeit, der eine spezifische Gruppendynamik gewährleistet und die beteiligten Personen aktiviert. Dieser Aspekt gerät tendenziell aus dem Blick, wenn Design Thinking lediglich als Methode zur Entwicklung nutzernaher Produkte und Dienstleistungen verstanden und nur anhand seines Outputs betrachtet wird. Ich werde im weiteren Verlauf der Arbeit beide Aspekte – Produkt und Prozess – im Auge behalten. Zunächst beschreibe ich, wie Empathie als erkenntnisleitendes Konzept verstanden wird, das einen Theoriebezug obsolet macht (siehe Kapitel I.5). Hier taucht die Frage auf, was den Prozess anleitet, wenn es kein theoretisches Wissen zu geben scheint, das den Akteur*innen zu Orientierung verhilft. Im zweiten Kapitel widme ich mich dann der Materialität des Design Thinking und lege den Fokus zunächst auf seinen konkreten

Output und die Art und Weise seines Zustandekommens (siehe Kapitel II.1 bis II.5). Anschließend greife ich die Frage nach der Prozessstrukturierung wieder auf und beschreibe, wie diese durch die spezifische Verwendung von Methoden erfolgt (siehe Kapitel II.6). Zunächst ziehe ich aber ein erstes theoretisches Zwischenfazit, in dem ich prüfe, ob in den bisherigen Ausführungen die Praktiken und die Selbstbeschreibungen zueinander in Bezug gesetzt werden konnten.

## I.4 THEORETISCHES ZWISCHENFAZIT I

Die Unterschiede zwischen der Temporalität empirischer Sozialforschung und jener des Design Thinking sind für ein Verständnis der Design Thinking-Praxis von enormer Wichtigkeit, weil sie verdeutlichen, was Design Thinking nicht ist. Denn obwohl sich darin immer wieder Bezüge zu Methoden aus der Sozialforschung finden lassen und obwohl diese Methoden der Form nach – sei es durch das Führen von Interviews oder durch die Arbeit mit Fragebögen – übernommen werden, zeigen sich deutliche Unterschiede zur akademischen Forschungspraxis, anhand derer die Eigenschaften und Eigentümlichkeiten des Konzepts herausgearbeitet werden können. Trotz seiner Bezüge zu empirischer Sozialforschung muss Design Thinking also als eigenständige Praxis betrachtet werden – dazu ermahnt eine praxeologische Perspektive (vgl. Schmidt 2011: 91). Bourdieu wurde nicht müde, auf das spezifische Verhältnis von Theorie und Praxis hinzuweisen und vor dem theoretischen Fehler zu warnen, »die theoretische *Sicht* der Praxis für das *praktische Verhältnis* zur Praxis auszugeben [und damit] der Praxis das Modell zugrunde zu legen, das man zu ihrer Erklärung erst konstruieren muß [sic!]« (Bourdieu 1987: 148). Mit Blick auf meinen Gegenstand besteht hier also die Gefahr, der Praxis das theoretische Modell empirischer Sozialforschung zugrunde zu legen, und so aus den Augen zu verlieren, was die Besonderheit des Design Thinking ausmacht. Während meines Feldaufenthalts stellte sich mir das Theorie-Praxis Problem in besonderem Maße, weil ich aus der Soziologie kommend anfangs schon zu wissen glaubte, wie die Erhebungspraktiken im Feld auszusehen hätten. Es dauerte eine Weile ehe ich erkannte, welche Theorien ich da an meinen Gegenstand trug und erst dann statt *falscher* Sozialforschung eine eigene Praxis sah. Erst die Betonung des Kontrasts der praktischen zur theoretischen Logik lässt die Besonderheit der Praxis also erkennen. Für Bourdieu hat diese Unterscheidung die Funktion, »daran zu erinnern, dass es ein praktisches Wissen gibt, eine praktische Erkenntnis, die ihre eigene Logik hat, nicht reduzierbar auf die Logik der theoretischen Erkenntnis; dass in gewissem Sinne die Akteure besser über die soziale Welt Bescheid wissen als die Theoretiker.« (Bourdieu 1991: 275) Mit dieser Erkenntnis ausgestattet geht Bourdieu dann jedoch einen Schritt weiter und schlägt vor, »dennoch daran festzuhalten, dass [die Akteure] nicht wirklich Bescheid wissen und dass die Arbeit des Wissenschaftlers darin besteht, dieses praktische Wissen explizit zu machen« (ebd.). Bourdieu folgend muss man den Akteur*innen also zunächst ein praktisches Wissen zuerkennen, um ihnen dann das theoretische abzusprechen. Sie »können sich ihrer Praxis nicht […] vollständig bewusst werden, auch wenn sie wissen, wie zu handeln ist« (Celikates 2006: 81) und demnach ist es das Ziel praxeologischer Forschung, »die Erfahrungswirklichkeit der sozialen Akteure mit den Mitteln der soziologischen Forschung einzufangen und soziologisch zu interpretieren« (Hillebrandt 2009: 376). Für meinen konkreten Forschungsfall verlangt dies nach einer Herangehensweise, die Design Thinking als eigenständige Praxis begreift und ihre spezifische Logik ausgehend von Beobachtungen der Praxis entschlüsselt.

Diese Herangehensweise gerät jedoch insofern in eine Sackgasse, als dass sie nicht dazu in der Lage ist, die Selbstbeschreibungen der Akteur*innen adäquat mitzubetrachten. Es leuchtet zwar ein, Design Thinking nicht als defizitäre qualitative Sozialforschung, sondern als eigenständige Praxis zu beschreiben, jedoch erwähne ich qualitative Sozialforschung hier nicht aus einem scholastischen Schnellschuss, der mich zur Heranziehung einer praxisfernen Theorie veranlasste, wie man es mir mit Bourdieu vorwerfen könnte. Vielmehr werden diese

Bezüge von den Akteur*innen in Form von Selbstbeschreibungen selbst ins Gespräch gebracht, finden in einer an Bourdieu angelehnten Praxistheorie jedoch keinen Platz. Dort »scheint es [...] keinen Raum für einen Begriff der Praxis zu geben, der die kreativen, autonomen und selbstreflexiven Aspekte individuellen und sozialen Handelns und Urteilens ins Zentrum stellt« (Celikates 2006: 85). Bourdieus Verhältnis zu den Selbstbeschreibungen ist eher von Misstrauen geprägt. Er unterscheidet zwischen »wissenschaftlicher und naiver Erfahrung der sozialen Welt« (Bourdieu et al. 1991: 24) und stellt der defizitären »Spontansoziologie« (ebd.: 29) der Akteur*innen seine eigene wissenschaftliche und richtige Soziologie gegenüber, die besser darüber Bescheid weiß, was die Akteur*innen tun und warum sie es tun.

Nun beanspruche auch ich, in dieser Arbeit eine zutreffendere Beschreibung des Design Thinking anzufertigen, als es den Akteur*innen möglich ist, indem ich mit ihrer Erfahrung breche und zur Selbst- eine Fremdbeschreibung hinzufüge; und ohne Frage habe ich in meiner Forschung die Absetzbewegung vom Wissen der Akteur*innen im Feld als einen produktiven Erkenntnisprozess erfahren. Gleichzeitig – und das ist die Gefahr bei Bourdieu – werden dadurch jedoch die Erklärungen der Soziologie in ein Konkurrenzverhältnis zu den Erklärungen der Akteur*innen gesetzt und lediglich als richtigere Beschreibungen aufgewertet. Durch diesen Umgang mit dem Wissen der Akteur*innen wird Erkenntnispotential verschenkt, weil es als prinzipiell zu ersetzendes Wissen relativiert wird, anstatt es als Teil des Gegenstandes und als Teil der sozialen Wirklichkeit ernst zu nehmen. Wie gelingt es also, das Wissen der Akteur*innen mit in den Fokus zu rücken, statt es als defizitär beiseite zu schieben? Der sich hier andeutenden Erweiterung des Fokus liegt die Auffassung zugrunde, »dass soziale Phänomene nicht alleine aus einer ›objektiven‹ Außenperspektive verstanden werden können, da in ihnen die Praktiken, Interpretationen und Selbstverständnisse der Akteure auf eine Weise verwoben sind, die nur in den Blick zu bekommen ist, wenn die Teilnehmerperspektive – vor allem das Selbstverständnis der Akteure und seine Artikulation in Selbstdeutungen – als irreduzibel oder sogar grundlegend verstanden wird« (Celikates 2009: 22). Anstatt also zwischen die Praktiken und die Selbstbeschreibungen einen Keil zu treiben, indem man Selbst- und Fremdbeschreibungen in ein Konkurrenzverhältnis bezüglich der besseren Erklärung der Praktiken setzt, stellt sich die Frage, wie Praktiken und Selbstbeschreibungen als Seiten derselben Medaille verstanden werden können. Dieses veränderte Erkenntnisinteresse bringt »eine fundamentale Verschiebung der Position des Soziologen selbst mit sich [...]: Er hört auf, Diagnostiker und Analytiker zu sein, der das ›Unbewusste‹ der Akteure durch die Übersetzung ihrer Handlungen in eine allgemeine soziale Grammatik herausarbeitet. Stattdessen greift er ihr spezifisches Wissen und ihren genuinen praktischen Sinn auf, macht sie zu Spezialisten ihres eigenen Sozialraumes und integriert dieses Wissen in die soziologischen Deutungsinstrumente« (Bogusz 2010: 35).

Aus diesen Überlegungen ergeben sich nun zwei Pfade, die ich im weiteren Verlauf dieser Studie beschreiten werde. Auf dem ersten Pfad verfolge ich weiterhin das Projekt der Rekonstruktion der Logik der Praxis. Der Grundstein hierfür ist durch die Betrachtung der temporalen Aspekte des Design Thinking gelegt, und ich setze es fort, indem ich mich zunächst mit der Rolle der Empathie (siehe Kapitel I.5) und dann mit der Materialität des Konzepts (siehe Kapitel II) beschäftige. Die Auseinandersetzung mit dem Empathiebegriff drängt sich auf, weil ihm im Feld eine außerordentlich große Bedeutung zukommt und die Untersuchung der Materialität des Design Thinking leitet sich aus der Bedeutung nicht-menschlicher Akteur*innen ab – Uhren, Klebezettel, Stellwände, etc. Mit Latour (und anderen) werde ich eine symmetrische Beschreibung des Design Thinking Prozesses anfertigen, die die Beiträge menschlicher und nicht-menschlicher Akteur*innen gleichermaßen sichtbar macht. Auch dieses Unterfangen wird insofern an Grenzen stoßen, als dass es mir darin nicht gelingen wird, die Selbstbeschreibungen der Akteur*innen adäquat in die Untersuchung zu integrieren. Auch die Soziologie der Übersetzung, auf die ich Bezug nehmen werde, positioniert sich tendenziell in Opposition zum Wissen der Akteur*innen. Daraus ergibt sich der zweite Pfad (Kapitel III), auf dem ich von einer praxeologischen zu einer eher pragmatistischen Beschreibung des Phänomens übergehe. Hier stelle ich mir die Frage, wie sich die Praktiken und die Selbstbeschreibungen als Bestandteile desselben Phänomens begreifen lassen.

## I.5 EMPATHIE ALS METHODOLOGIE

Aufgrund der zahlreichen Bezüge zu qualitativen Forschungsmethoden in den Selbstbeschreibungen des Design Thinking begann ich meinen Aufenthalt im Feld in der impliziten Annahme, dort ein dezidiert qualitatives Methodenwissen vorzufinden. Tim Browns (2009) *Change by Design* ist beispielsweise gespickt mit Referenzen zu qualitativer Forschung. Jedes Design Thinking-Projekt beinhalte »an intensive period of observation« (ebd.: 43), in der mit »observational tools refined in social science« (ebd.: 45) die Lebenswelt der Nutzer*innen erschlossen werden solle. Durch »innovative ethnographic techniques« (ebd.: 46) werde in einem typisch qualitativen Selbstverständnis interpretatives Wissen über die Nutzer*innen generiert: »watching what people don't do, listening to what they don't say« (ebd.: 43). Entgegen Bourdieus Einwand war also nicht ich derjenige, der an das Design Thinking eine praxisferne Theorie herantrug. Durch die Lektüre von Einführungswerken hatte ich die Erwartung gewonnen, eine qualitative Praxis vorzufinden, die ich mir in etwa so vorstellte, wie ich sie selbst aus meiner eigenen Forschungspraxis kannte. Als sich mir im Feld kein spezifisch akademisches Methodenwissen zeigte, war ich anfangs überrascht.

Es gab keine methodologischen Diskussionen; die qualitative Forschung im Design Thinking glich eher einem interessierten Sich-Durchfragen, als einer methodisch kontrollierten Forschungsarbeit. Als mir im Feld eine Person begegnete, die vor ihrer Design Thinking-Ausbildung ein Soziologiestudium durchlaufen hatte, fragte ich explizit nach der Rolle qualitativer Methoden:

Yasmin arbeitet als Freelancerin für die Agentur und macht gerade den Advanced Track an der d.school. Sie hat Soziologie studiert und vor ein paar

Jahren ihr Diplom abgeschlossen. Ich habe sie gefragt, ob ihre soziologische Ausbildung im Design Thinking weiterhilft, worauf ihre Antwort eher positiv ausfiel. Sie sagte beispielsweise, dass sie bei den Interviews während dem Design Thinking Prozess mehr als Andere dazu neige, die Antworten nicht wörtlich zu übernehmen, sondern auch hinter das Gesagte zu blicken. Sie benutzte in ihrer Erklärung, obwohl ich mich selbst als Soziologe zu erkennen gab, kein soziologisches Fachvokabular. Ich fragte sie dann weiter, ob ihr denn in der Ausbildung an der d.school auch methodische Lektionen begegnen würden, die sie aus der Soziologie schon kenne oder die sie als Soziologie bezeichnen würde. Auf diese Frage fiel ihre Antwort negativ aus. Sowas gebe es an der d.school eigentlich nicht. (Notiz 03.06.15)

Dieses Gespräch war für mich aus zwei Gründen aufschlussreich. Zum einen verweist meine Gesprächspartnerin darauf, sich durch ihr Soziologiestudium eine gewisse Neigung angeeignet zu haben, hinter die Äußerungen der Akteur*innen zu blicken, zum anderen geht sie in ihren Äußerungen nicht auf ein formales Methodenwissen ein. Während die abstrakte Beschreibung der Forschung ein explizit formulierbares Wissen voraussetzt, das auf eine entsprechende akademische Fachdiskussion verweist, ist die Neigung, hinter Äußerungen zu blicken, eher eine Fähigkeit, die sich durch die wiederholte Durchführung qualitativer Forschung, also vor allem durch Forschungspraxis, als tacit knowledge (vgl. Polanyi 1983) habitualisiert – nach und nach wächst das hermeneutische Ohr (vgl. Helfferich und Kruse 2007). Im Design Thinking scheint dieses praktische Wissen von zentraler Wichtigkeit zu sein, während ein verbalisierbares theoretisches Methodenwissen eine klar untergeordnete Rolle spielt.[12]

12 Damit behaupte ich nicht, dass meine Gesprächspartnerin in obiger Sequenz kein theoretisches Wissen über Methoden habe. Ebenso wenig unterstelle ich ihr, die Inhalte ihres Soziologiestudiums vergessen zu haben. Was sie weiß und was nicht, ist für die Praxistheorie schlichtweg eine irrelevante Frage, weil Wissen darin nicht als der Praxis vorhergehendes theoretisches Denken konzipiert wird, wie es im Mentalismus der Fall wäre. Statt-

Doch wie ist dieses praktische Wissen zu verstehen? In den Selbstbeschreibungen war mir von Anfang an die zentrale Stellung des Begriffs ›Empathie‹ aufgefallen, aber erst im Feld wurde mir klar, welche Bedeutung er für die Akteur*innen innehat. Brown (2009) führt Empathie in expliziter Abgrenzung zu akademischer Forschung ein:

»It's possible to spend days, weeks, or months conducting research [...], but at the end of it all we will have little more than stacks of field notes, videotapes, and photographs unless we can connect with the people we are observing at a fundamental level. We call this ›empathy‹, and it is perhaps the most important distinction between academic thinking and design thinking.« (Ebd.: 49)

Dieses Zitat bringt die Bedeutung von Empathie für das Design Thinking deutlich zum Ausdruck. Dort wo im qualitativen Forschungspro-

---

dessen versteht sie Wissen »als ein praktisches Wissen, ein Können, ein know how, ein Konglomerat von Alltagstechniken, ein praktisches Verstehen im Sinne eines ›Sich auf etwas verstehen‹« (vgl. Reckwitz 2003: 289), das sich erst im Verlauf der Praxis offenbart. Die Frage ist demnach nicht, welches Wissen Personen besitzen und abrufbar in ihrem Kopf gespeichert haben, sondern welches Wissen in bestimmten sozialen Praktiken zum Einsatz kommt (vgl. ebd.: 292). Das Mentale ist somit nicht etwas von den Praktiken Getrenntes und ihnen Vorhergehendes, sondern Teil der Praktiken selbst (vgl. Schmidt 2011: 95). Auf diese Weise spricht die Praxistheorie nicht vom Wissen der Akteure, sondern vom Wissen der sozialen Praktiken. »Der ›Ort‹ des Sozialen [...] sind die ›sozialen Praktiken‹, verstanden als know-how abhängige und von einem praktischen ›Verstehen‹ zusammengehaltene Verhaltensroutinen, deren Wissen einerseits in den Körpern der handelnden Subjekte ›inkorporiert‹ ist, die andererseits regelmäßig die Form von routinisierten Beziehungen zwischen Subjekten und von ihnen ›verwendeten‹ materialen Artefakten annehmen« (Reckwitz 2003: 289). Wenn also nicht im Kopf, so lokalisiert die Praxistheorie das Wissen an zwei anderen Orten: »in den sozialisierten Körpern und materiellen Dingen« (Hillebrandt 2014: 91).

zess normalerweise die Datenauswertung beginnt – nach der Anhäufung von »stacks of field-notes, videotapes und photographs« (ebd.: 49) – scheint in der Logik des Design Thinking Empathie zum Einsatz zu kommen. Dies ermöglicht eine konsequente Ent-Theoretisierung des Forschungsprozesses im Design Thinking, weil statt methodisch kontrolliert und nachvollziehbar auf eine rein intuitive Weise vorgegangen werden kann. Durch ein empathisches Einfühlen soll der Standpunkt der Befragten übernommen werden; Empathie wird zur Methodologie.

»We build [...] bridges of insight through *empathy*, the effort to see the world through the eyes of others, understand the world through their experiences, and feel the world through their emotions.« (Ebd.: 50)

Dieser Aufruf zur Übernahme des Standpunktes der Untersuchten erinnert stark an die frühen, insbesondere von Bronsilaw Malinowski geprägten Darstellungen des ethnographischen Forschungsprozesses, dessen Ziel – die Übernahme der »Perspektive des Eingeborenen« (Geertz 1983: 290) – durch eine große persönliche und emotionale Nähe zu den Untersuchungsobjekten erreicht werden sollte. Mit der posthumen Veröffentlichung von Malinowskis Feldtagebüchern im Jahr 1967 geriet diese idealisierte Vorstellung ethnographischen Verstehens jedoch ins Wanken, weil sie Malinowski keineswegs als besonders empathischen oder von Zuneigung zu den Akteur*innen im Feld geprägten Forscher zeigten. Der »Mythos vom Feldforscher als Chamäleon [...], das sich perfekt auf seine exotische Umgebung einstellt – ein wandelndes Wunder an Einfühlungsvermögen, Takt, Geduld und Kosmopolitismus« (ebd.: 298) – stand im Widerspruch zu dem Bild, das sich aus Malinowskis persönlichen Aufzeichnungen ergab: ein von Lüsternheit getriebener, gähnender Langeweile geplagter und von Geringschätzung der Beobachteten durchsetzter Forscher. Der Wert Malinowskis Forschung wurde durch die Veröffentlichung seiner Tagebücher nicht infrage gestellt, jedoch entzündete sich eine innerdisziplinäre Debatte über die Bedingungen ethnographischen Verstehens:

»Was wird aus dem *Verstehen*, wenn das *Einfühlen* entfällt?« (Geertz 1983: 290). Gute Ethnographie war fortan nicht mehr primär an persönliche Attribute der Forscherin geknüpft, die voller Sympathie und Humanität als neutrale Beobachterin das Geschehen betrachtet, sondern wurde zunehmend als ein Prozess aufgefasst, der systematischer Reflexion bedarf und von Personen betrieben wird, die als Beteiligte selbst Teil des Untersuchungsgegenstandes sind (vgl. Linska 2012: 42-44). Die Vorstellung einer klaren Trennung zwischen Subjekt und Objekt war somit grundlegend infrage gestellt (vgl. Lissner-Espe 1993: 41) und Ethnographie wurde zu einer systematischen und selbstreflexiven Praktik, »zu einer Frage der Selbstprüfung und Selbstverwandlung« (Geertz 2006: 29). »Ethnographer's Magic« (Stocking 1992: 12-59) war keine hinreichende Erklärung des Forschungsprozesses mehr.

Design Thinking scheint auf diese Magie jedoch angewiesen zu sein; der *reflective turn* steht hier noch aus. Die Selbstbeschreibungen sind durchsetzt von Darstellungen in denen die Rolle des Sich-Einfühlens betont wird: »[W]e must empathize, not simply scrutinize with the cold detachment of statisticians« (Brown 2009: 56). Auch die Akteur*innen im Feld betonten immer wieder die Subjektivität ihres Forschungsprozesses, wenn sie etwa darüber sprachen, dass alle Design Thinkers ihren eigenen Stil finden müssten (vgl. Notiz 08.07.15), oder dass es immer das Ergebnis ganz individueller Entscheidungen sei, welche Aussagen von Befragten als relevant eingestuft würden: »Den anderen fallen immer jeweils ganz andere Dinge auf als mir« (Notiz 09.06.15). Empathie erfüllt die Funktion einer methodologischen Platzhalterin, entbindet den Prozess vom Zwang zur Reflexion und lässt seine genaue Funktionsweise im Vagen. Statt einer reflexiven erscheint Design Thinking als eine primär intuitive Tätigkeit und es verwundert somit nicht, dass ich häufig mit dem Hinweis konfrontiert wurde, Design Thinking praktizieren zu müssen, um es wirklich zu verstehen: »It is hard to explain Design Thinking. You have to experience it in order to understand it.« (Notiz 08.07.15; Notiz 04.06.15)

Der Begriff Empathie findet im Design Thinking unterschiedliche Verwendungsarten. Er wird beispielsweise als »effort to see the world through the eyes of others…« (Brown 2009: 50) beschrieben und damit als Anstrengung und Bemühung zum Fremdverstehen charakterisiert. Zudem wird Empathie als wichtige Charaktereigenschaft von Design Thinkers und als Bestandteil des »Design Thinker's Personality Profile« (Brown 2008: 87) bezeichnet, das zudem die Attribute *integrative thinking, optimism, experimentalism und collaboration* (vgl. ebd.) beinhaltet. Darüber hinaus wird der Forschungsprozess im Design Thinking von den Akteur*innen als Prozess der Gewinnung von Empathie gedeutet, welche dann als zu erreichendes Ziel oder zu schaffender Zustand erscheint:

Ich unterhalte mich mit Andreas über den bevorstehenden Testing-Workshop und er sagt, dass er darauf sehr gespannt sei, weil ihm die Nutzer*innen bisher noch fremd seien. Er kenne sie nur von Telefongesprächen und *die Empathie sei noch nicht ganz da.* (Notiz 09.06.15)

Die Unschärfe des Begriffs erlaubt es, ihn zum Einsatz zu bringen, um dem Prozess Sinn zu verleihen, ohne die genauen Abläufe näher zu explizieren. Empathie ist ein unmittelbar einleuchtendes Konzept und erscheint als Mittel zur Erreichung von Nutzernähe, ohne dass die genauen Schritte dorthin offengelegt werden müssen. Sie ermöglicht ein Narrativ des Sich-Einfühlens und erspart auf diese Weise den Rekurs auf methodologische Überlegungen, über deren Abwesenheit ich zu Beginn meiner Forschung noch verwundert war.

Empathie ist ein Erkenntnisinstrument von zweifelhafter Güte, das im Design Thinking dennoch eine sehr wichtige Rolle einnimmt. So verfestigt sich der Eindruck, dass die Bearbeitung der sachlichen Dimension nicht im Mittelpunkt des Konzepts zu stehen scheint. Es scheint nicht primär darum zu gehen, Erkenntnisse über die befragten Personen zu generieren, die Kritik standhalten oder in der Fachdiskussion bestehen müssten. Empathie leitet den Erkenntnisprozess im Design Thinking nicht direkt an und gibt nicht die jeweils zu befolgenden Schritte vor. Stattdessen hilft sie dabei, den Prozess als intuitives und emotionales Sich-Einfühlen zu plausibilisieren. Die Erkenntnisform im

Design Thinking gleicht eher einem Erleben statt einem Analysieren. So müssen die einzelnen Schritte nicht unbedingt verstanden und rational durchdrungen werden, sondern es reicht aus, sie zu befolgen. Design Thinking findet nicht im Kopf statt. »[D]esign thinkers […] ›think with their hands‹ throughout the life of a project« (Brown 2009: 106) und müssen sich nicht auf eine reflexive Weise mit ihren Instrumenten auseinandersetzen. Sie können sich gemäß ihrer dichotomen Unterscheidung zum Handeln, statt zum Denken bekennen und vermeiden so Phasen des Nachdenkens, die nicht unmittelbar zu einem Ergebnis führen. Wenn ihr Prozess aber demnach nicht von methodologischen Überlegungen angeleitet wird, woher wissen sie dann, was zu tun ist?

# II Die Materialität des Design Thinking

Wenn Empathie lediglich dazu beiträgt, den Prozess im Design Thinking mit Sinn auszustatten, aber keine handlungsleitende Wirkung entfaltet, wodurch wird die Arbeit im Design Thinking dann geformt? Was genau passiert im Prozess und woher wissen die Akteur*innen, was jeweils zu tun ist? Zur Beantwortung dieser Fragen muss ein Aspekt des Konzepts in den Mittelpunkt gerückt werden, der bisher nur implizit zur Sprache kam: Seine spezifische Materialität. Unter diesem Aspekt werde ich mich zunächst mit den räumlichen Voraussetzungen und dem konkreten Output des Design Thinking auseinandersetzen (Kapitel II.1 bis II.5) und dann die Frage nach der Handlungsleitung weiter verfolgen (Kapitel II.6). Der Name ›Design Thinking‹ suggeriert zwar, dass eine spezifische Art des Denkens zum Tragen kommt, und auch die Akteur*innen betonten stets, dass Design Thinking ein spezifisches Mindset sei (vgl. Notiz 02.06.15; Notiz 17.06.15), eine praxistheoretische Perspektive legt den Fokus jedoch nicht auf das Denken. Denn was in den Köpfen der Beteiligten geschieht, ist einer ethnographischen Untersuchung nicht zugänglich und die Praxis ereignet sich zwischen ihren Körpern und den restlichen zum Einsatz kommenden materiellen Dingen – Klebezettel, Whiteboards, Marker, etc. (vgl. Reckwitz 2003: 289). Zur Beschreibung dieser Praxis eignet sich die *Soziologie der Übersetzung* (vgl. Callon 2006) – eine Herangehensweise, die Latour und andere in ihren frühen Wissenschaftsethnographien (Latour und Woolgar 1986; Latour 2002b) entwickelten, als sie »die Praktiken, mit denen Informationen über einen Sachverhalt erzeugt werden im Detail untersuch[t]en« (Latour 2002b: 36).[1] In einer konsequent praxeologischen Herangehensweise galt das Interesse der Soziologie der Übersetzung bei der Untersuchung der wissenschaftlichen Praxis lediglich denjenigen Dingen, die sie im Labor unmittelbar beobachten konnten: Chemikalien, Menschen, Tiere, Instrumente, Werkzeuge, Papier. In einer Reflexion seiner Laborstudien beschreibt Latour die Spezifik seiner Herangehensweise wie folgt: »[Ich war] während einer Studie über ein biologisches Laboratorium beeindruckt von der Art, wie viele Aspekte der Laborpraxis geordnet werden konnten, indem man sich weder die Gehirne der Wissenschaftler (zu denen mir der Zutritt verweigert wurde!) noch die kognitiven Strukturen (nichts Besonderes) oder die Paradigmen (seit 30 Jahren dieselben) ansah, sondern die Transformation von Ratten und Chemikalien in Papier« (Latour 2006a: 262). Es wirkt seltsam banalisierend, die Laborpraxis als Transformation von Ratten und Chemikalien in Papier zu beschreiben, doch dies eröffnete bis dato völlig neue Möglichkeiten der Untersuchung wissenschaftlicher Praxis, weil dadurch konsequent alles abgestreift wurde, was zuvor an Vorannahmen über Wissenschaft in die Beschreibungen eingeflossen war. »Dieser mysteriöse Denkprozess, welcher wie ein unzugänglicher Geist über soziale Untersuchungen der Wissenschaft zu schweben schien, hat[te] endlich Substanz und [konnte] gründlich untersucht werden« (Latour 2006b: 125). Nicht mehr wahre Aussagen oder Theorien waren der Laboroutput, sondern Papier. Nun war es möglich, die wissenschaftliche Praxis zu beschrei-

1 Zur Bezeichnung der Soziologie der Übersetzung hat sich inzwischen bekanntermaßen Akteur-Netzwerk-Theorie (ANT) durchgesetzt. Ich halte hier am Titel Soziologie der Übersetzung fest, um den Fokus stärker auf die Praxis des Übersetzens zu legen, anstatt von Anfang an ein Akteur-Netzwerk zu postulieren. Weil im Design Thinking nur Ideen für Produkte und Dienstleistungen entwickelt werden, lässt sich nicht absehen, wie die Realisierung dieser Ideen verlaufen wird und ob sich tatsächlich ein Akteur-Netzwerk bildet (siehe Kapitel II.5).

ben, ohne ihr schon im Vorfeld der Betrachtung einen wissenschaftlichen Sonderstatus einzuräumen und so zeigte sich – damals eine Ungeheuerlichkeit –, dass sich im Labor nichts Außergewöhnliches, nichts per se »Wissenschaftliches« (Knorr-Cetina 1991) ereignet.

Die Laborstudien brachen also mit einem naiven Glauben an die Wissenschaft und waren somit ein durchweg agnostisches Unterfangen.[2] Um sich dem Design Thinking auf eine ähnliche Weise anzunä-

2 Latour (2002a: 338-339) unterscheidet zwischen zwei Arten von Agnostizismus: »Modernisten und Postmodernisten haben bei all ihren kritischen Bemühungen den Glauben als das unantastbare Zentrum ihrer mutigen Unternehmungen unangetastet gelassen. Sie glauben an den Glauben. Sie glauben, daß [sic!] die Leute naiv glauben. Es gibt also zweierlei Agnostizismus. Der erste, den Kritikern so teure, besteht in der punktuellen Weigerung, an den Inhalt des Glaubens zu glauben – üblicherweise an Gott, allgemeiner an Fetischismen und solche Dinge wie Saligrams, etwas jüngeren Datums an populäre Kultur und schließlich an wissenschaftliche Fakten selbst. In dieser Definition des Agnostizismus soll um jeden Preis vermieden werden, etwas für bare Münze zu nehmen. Naivität gilt hier als Kapitalverbrechen. Und die Rettung besteht immer in der Enthüllung der Fäden an denen die Marionetten hängen, in der Entlarvung der hinter der illusio von Autonomie und Unabhängigkeit verborgenen Arbeit. Meine Definition von Agnostizismus besteht jedoch nicht im Anzweifeln von Werten, Mächten, Ideen, Wahrheiten, Unterscheidungen oder Konstruktionen, sondern in einem Zweifel, der gegen diesen Zweifel selbst gewendet wird, also gegen die Vorstellung, es kann in irgendeiner Weise Glauben sein, was irgendwelche dieser Lebenserscheinungen zusammenhält. Wenn wir den Glauben (an Glauben) ablegen, können wir andere Modelle von Handlung und Schöpfung erkunden.« Es ist nicht schwer zu erkennen, dass sich Latour hier von Bourdieu abgrenzt, dem er die erste Form des Agnostizismus zuschreibt. Latours Zweifel gegen den Zweifel soll den Blick weg von den Ideen und hin zu den Dingen lenken – es ist in gewisser Weise ein praxeologischer Agnostizismus. Ich werde in dieser Arbeit noch auf beide Arten agnostisch sein. So widme ich mich auf den nächsten Seiten zwar

hern, muss ebenfalls mit Glaubenssätzen gebrochen werden und so begebe ich mich mit dieser Theoriewahl in maximale Distanz zu den Selbstbeschreibungen der Akteur*innen. Das zentrale Dogma, das es hier abzulegen gilt, lautet: Design Thinking generiert *nutzernahe* Produkte und Dienstleistungen. Der Bruch mit diesem Dogma ist ein doppelter: erstens wird das Attribut der *Nutzernähe* seiner Selbstevidenz beraubt und zweitens wird betont, dass der Output des Design Thinking-Prozesses nur aus *Ideen* für Produkte und Dienstleistungen besteht. Genau wie es in Bezug auf die Wissenschaft lange Zeit unhinterfragt blieb, *dass* sie wahre Aussagen produziert, weil eben dies ihre Zuständigkeit ist und sie über die entsprechenden Methoden verfügt, so besteht auch mit Blick auf Design Thinking die Gefahr, vorauszusetzen, *dass* darin nutzernahe Lösungen hervorgebracht werden, weil das Konzept eben dazu da ist, nutzernahe Lösungen zu generieren. Um diese Tautologie zu vermeiden muss der Prozess der Herstellung von Nutzernähe selbst im Detail untersucht werden. Weil Ideen der Output des Prozesses sind, die den Auftraggeber*innen dann als Bericht ausgehändigt werden, kann analog zu Latours Vorgehensweise gefragt werden, wie im Design Thinking Personen in Papier[3] übersetzt werden. Was ist die Kette von Übersetzungen, die das eine mit dem anderen verbindet? Wie wird die Mission des Design Thinking verfolgt, die Tim Brown (2009: 49) wie folgt formuliert: »The mission of design thinking is to translate observations into insights and insights into products and services that will improve lives.«

---

den Dingen und mache damit deutlich, wie Design Thinking durch die Dinge zusammengehalten wird. Ich komme auf diesem Weg aber nicht umhin, auch den Glauben der Akteure zu thematisieren (und anzuzweifeln), der sich mir im Feld als außerordentlich wichtig zeigte (Kapitel II.5).

3 Natürlich ist man sowohl in der Wissenschaft als auch im Design Thinking nicht mehr ausschließlich auf Papier angewiesen. Ich könnte dementsprechend auch fragen, wie Personen in PDF-Dokumente oder Power Point Präsentationen umgewandelt werden, erspare mir aber im Text diese Spitzfindigkeit.

## II.1 DESIGN THINKING ALS LABORPRAXIS

So wie es keine Laborwissenschaft ohne Labors geben kann, so wenig ist mir Design Thinking außerhalb von eigens dafür vorbereiteten Räumen begegnet. Während meiner Feldforschung lernte ich einerseits die Räumlichkeiten der d.school in Potsdam kennen und war andererseits immer wieder daran beteiligt, Räume für Workshops so vorzubereiten, dass darin Design Thinking möglich wird. Dies ist fester Bestandteil des Agenturalltags. Stellwände, Stehtische, Hocker, Schreib- und Bastelmaterial, sowie Dekorationsgegestände müssen immer wieder von der Agentur zu den Räumen transportiert werden, die für die Dauer der Workshops gemietet werden, um sie entsprechend vorzubereiten. Ein für Design Thinking eingerichteter Raum besteht aus einer bestimmten Anzahl von Stehtischen, die der Anzahl der Teams entspricht, die in diesem Raum arbeiten sollen. Diese Tische sind im Raum verteilt und jeweils von frei beweglichen Stellwänden umgeben, die während des Arbeitsprozesses leicht verschoben werden können. Darüber hinaus gibt es verschiedene, ebenfalls leicht zu bewegende Sitzmöglichkeiten wie Hocker oder Sitzsäcke, die im Raum verteilt werden. An den Wänden werden Plakate angebracht, auf denen die Design Thinking-Regeln – seine Imperative – geschrieben sind, die wie Gebote das Handeln der Beteiligte anleiten sollen: »Build on the Ideas of others!«, »Defer Judgement!«, »Go for Quantity!«, »Be Visual!«, »Encourage wild Ideas!« usw. Neben der so bereitgestellten Infrastruktur werden dann *Werkzeuge* verteilt. Auf jeden Tisch kommen verschiedenfarbige Blöcke mit Klebezetteln, Filzstifte, Pinnnadeln sowie einer der oben erwähnten Time Timer. Schließlich gibt es immer einen Tisch mit Prototyping-Material: Legosteine, Pfeifenreiniger, Papier, Scheren, Klebstoff etc… Auf der Website der d.school in Potsdam werden variable Räume neben interdisziplinären Teams und dem iterativen Prozess als dritte Säule des Design Thinking präsentiert:

»Ideen entfalten sich am besten in einer freien und flexiblen Arbeitsumgebung. Variable Räume sind spontan auf die Bedürfnisse des jeweiligen Projektes anpassbar. Tische und Stellwände sind auf Rollen bewegbar. Wände und nahezu alle anderen Oberflächen werden frei genutzt, um Gedanken zu visualisieren und Arbeitsergebnisse zu teilen. Regale voll bunter Materialien laden dazu ein, Ideen schnell zu veranschaulichen und erlebbar zu machen.« (HPI School of Design Thinking 2015a)

Firmen, die Design Thinking in ihrem Unternehmen implementieren wollen, richten meist einen extra Raum dafür ein. »So integral are these project spaces to our creative process that we have exported them, whenever possible, to our clients« (Brown 2009: 35). Während meines Feldaufenthalts stand auch die Agentur in Verhandlungen mit Unternehmen, um solche Räume zu konzipieren (vgl. Notiz 01.06.15). Ich habe im ersten Kapitel herausgearbeitet, wie für Design Thinking zeitliche Freiräume geschaffen werden müssen und analog dazu gilt es auch in räumlicher Dimension Platz zu schaffen. Erst wenn der Raum bereitgestellt und mit den entsprechenden Instrumenten ausgestattet ist, kann Design Thinking stattfinden. In diesem Sinne lässt sich Design Thinking analog zur Laborwissenschaft als eine Praktik verstehen, die an bestimmte räumliche Voraussetzungen gebunden ist. Zwar sind die im Design Thinking verwendeten Objekte weniger kompliziert als jene in wissenschaftlichen Labors, dies sollte jedoch nicht dazu führen, ihre Bedeutung zu unterschätzen. Wenn man mit Latour ein Labor als einen solchen Ort versteht, an dem heterogene Dinge auf einen vergleichbaren Maßstab gebracht werden (vgl. Latour 2006a: 286-287), lassen sich – wie ich im folgenden Kapitel zeigen werde – die Räume, in denen Design Thinking stattfindet, durchaus auch als Labors bezeichnen.[4]

4 In den letzten Jahren lässt sich eine wahre Proliferation sogenannter Labs beobachten. Egal ob Innovation Labs (Magadley und Birdi 2009) oder Policy Labs (Williamson 2014), stets ist mit ihrer Einrichtung die Generierung neuer Ideen durch interdisziplinären Austausch verknüpft. Eine Studie der Berliner Senatsverwaltung für Wirtschaft, Technologie und Forschung (2013: 7) definiert Labs folgendermaßen: »Ausgehend von den Beobachtungen im Feld und basierend auf Experteneinschätzungen ist das wesentli-

Diese Gebundenheit des Design Thinking an eigens dafür vorbereitete Räume schlägt sich auch im Sprechen der Akteur*innen nieder, wo sich eine Trennung zwischen einem *Innen* und einem *Außen,* und damit einhergehend zwischen einem *Wir* und *Sie* beobachten lässt.

»What are the projects that already made a change, that are already *out there*?« (Notiz. 08.07.15)
»This is Design Thinking, we adapt to *the environment*, we adapt to the *people around us*.« (Ebd.)
»Walk into the offices of any of the world's leading design consultancies, and the first question is likely to be ›Where is everybody?‹ Of course, many hours are spent in the model shop, in project rooms, and peering into computer monitors, but many more hours are spent out in the field with the people who will ultimately benefit from our work.« (Brown 2009: 43)

Neben der im ersten Kapitel beschriebenen zeitlichen Abgrenzung zu einem wie auch immer gearteten Normalbetrieb in Unternehmen, zeigt sich hier also auch eine räumliche Abgrenzung[5] zwischen dem Design

---

che und konstituierende Merkmal von Innovations- und Kreativlabs der interdisziplinäre bzw. akteursübergreifende Austausch von Informationen, Wissen und Ideen. Dieser experimentell ausgerichtete Austausch kann sowohl an physisch-materiellen Orten als auch in digitalen Umgebungen stattfinden und zeitlich sowohl temporärer wie auch langfristiger Natur sein.«

5 Luhmann, der zwischen einer zeitlichen, sozialen und sachlichen Sinndimension unterscheidet, berücksichtigt eine räumliche Sinndimension nicht. Diese Erweiterung nimmt Armin Nassehi (2006) vor: »Die Horizonthaftigkeit der Gesellschaft findet nicht nur in der Sachdimension als funktionale Differenzierung von Unterschiedlichem statt, nicht nur in der Sozialdimension als Wechselseitigkeit unterschiedlicher Akteure mit zurechenbaren Interessen und Zugehörigkeiten, nicht nur in der Zeitdimension als Unüberwindbarkeit von konkreten Gegenwarten, sondern auch in der Sinndimen-

Thinking-Labor und der Welt *out there*, die auch mit einer sozialen Abgrenzung zwischen den Design Thinkers und den Nutzer*innen korreliert (siehe Kapitel II.3). Sind die Räume eingerichtet und die entsprechenden Trennungen etabliert, kann mit dem Design Thinking begonnen werden.

## II.2 Die Übersetzung von Menschen in Papier

Um nutzernahe Produkte und Dienstleistungen zu entwickeln, beginnt der Design Thinking-Prozess immer mit einer ausgiebigen *Erforschung* der potentiellen Nutzer*innen. In den Phasen Understand, Observe und Define[6], soll ein klares Bild der späteren Nutzer*innen gewonnen werden, sodass genau bekannt wird, für wen man entwickelt und was genau die Probleme sind, die es zu lösen gilt. Die folgende Sequenz stammt aus einem Workshop, in dem die Mitarbeiter*innen eines großen Unternehmens im Design Thinking geschult wurden. Ich verbrachte den Tag mit einer von drei Gruppen, die aus 5 Personen bestand und an diesem Tag in einem sogenannten Sprint den gesamten Design Thinking-Prozess einmal durchlief. Für die Teilnehmer*innen war dies der zweite mehrtägige Workshop im Rahmen ihrer Ausbildung zu Design Thinking-Moderator*innen. Nach der Absolvierung dieser Ausbildung sollten sie selbst firmeninterne Design Thinking-Projekte anleiten. Sie lernten also während des Workshops einerseits Design

sion des Räumlichen als Anwesenheit/Abwesenheit anderer Orte« (Nassehi 2006: 433; vgl. auch Nassehi 2004: 106-110; Stichweh 2000: 187).

6 Der Design Thinking-Prozess wird im an der d.school gelehrten Modell in sechs Phasen unterteilt. Auf die hier genannten Phasen Understand, Observe und Define folgen dann die Phasen Ideate, Prototype und Test. Die Phasen Observe und Define sind unter dem Hinblick der zu generierenden Nutzernähe die interessantesten, weil dort die Erhebung von Daten und ihre Auswertung stattfindet. Die auf der nächsten Seite dargestellte Sequenz fällt in die Phase Define.

Thinking selbst besser kennen, übten aber auch schon in wechselnder Zuständigkeit die Rolle von Moderator*innen ein.

Die Teilnehmer*innen kommen von ihren Interviews zurück. Während ihrem *Feldaufenthalt* haben sie handschriftliche Notizen angefertigt, auf denen die Antworten und Äußerungen der Interviewten festgehalten sind. Um mit den Erkenntnissen aus den Interviews nun weiterarbeiten zu können, fordert die Moderatorin alle Teilnehmer*innen auf, ihre Notizen auf Klebezettel zu übertragen. Hierbei soll für jede Erkenntnis – für jedes *Insight* – ein eigener Klebezettel verwendet werden. Die Teilnehmer*innen ziehen sich daraufhin zurück und übertragen ihre Notizen auf Klebezettel, wobei sie für jede interviewte Person Zettel einer Farbe verwenden. Aus DIN A4-Blättern, die parallel zu den Interviews beschrieben wurden, entstehen auf diese Weise pro Interview 5-8 Klebezettel, auf denen zentrale *Insights* notiert sind.
Während diesem Arbeitsschritt überträgt die Moderatorin aus ihrem Methodenbooklet[7] eine aus vier Feldern bestehende Struktur an die Stellwand. Die hier zur Anwendung kommende Methode – die Empathy Map – ist eine von 25 Methoden im Booklet, das den Teilnehmer*innen zu Beginn des Workshops ausgehändigt wurde und ihnen die jeweils passenden Werkzeuge an die Hand geben soll. Die Moderatorin zeichnet die Struktur einer Empathy Map also auf die Stellwand ab, in deren Mitte sie das Portrait einer Person skizziert. Mit einfachen Strichen deutet sie einen Kopf, Ohren und eine Nase an, vervollständigt das Portrait jedoch noch nicht. Die vier Felder beschriftet sie nun – wie in ihrer Vorlage – mit den Worten »Think«, »Feel«, »Say & Do« und »Hear & See«.
Am so vorbereiteten Whiteboard kommen nun wieder alle Teilnehmer*innen zusammen und stellen sich im Halbkreis auf. Eine nach der anderen treten die Teilnehmer*innen vor die Gruppe, um ihre Klebezettel am Whiteboard anzubringen. Jeder Zettel wird laut vorgelesen, evtl. kurz erläutert und dann in einem der vier Felder angebracht. Wo sie hingehören, scheint jeweils recht klar zu sein. Häufig wird ein Zettel ohne Zögern angebracht, manchmal findet eine

7 Ich werde mich im Kapitel II.6 ausführlicher mit diesem Methodenbooklet und den darin enthaltenen Methodenkarten auseinandersetzen.

kurze Verständigung mit den andern Gruppenmitgliedern statt. Innerhalb der Felder werden zudem thematisch ähnliche Zettel gruppiert.
Auf diese Weise werden die vier Felder am Whiteboard nach und nach mit unterschiedlich farbigen Klebezetteln gefüllt, bis ein buntes Durcheinander das Whiteboard schmückt. Anhand der Farben lässt sich zwar noch erkennen, welche Zettel aus welchem Interview stammen und auf welche Person sie verweisen, diese Zuordnung verliert nun jedoch an Relevanz und wird durch die Struktur der vier Felder ersetzt. Statt personenbezogen sind die Zettel nun anhand der Felder und thematisch sortiert. Die entspricht den Prinzipien deduktiven (vier Felder) und induktiven (thematische Sortierung) Codierens, wie ich es auch aus der qualitativen Forschung kenne.
Die Moderatorin ergänzt nun das bisher nur schemenhaft angedeutete Gesicht mit Augen, Haaren und Schmuck. Die Persona erwacht auf diese Weise zum Leben, bekommt einen Namen – Heike – und erscheint als Person mit spezifischen Bedürfnissen und Problemen, die sich als Anhäufungen von Klebezetteln zeigen. Sie denkt, fühlt, spricht und tut, hört und sieht bestimmte Dinge und kann von den Teilnehmer*innen verstanden werden. Sie können sich empathisch in sie einfühlen. (Notiz 16.06.15)

In dieser Sequenz konnte ich beobachten, auf welche Weise im Design Thinking erhobene Daten verarbeitet werden. In den Worten der Akteur*innen wird hier der Grundstein für Nutzernähe gelegt. Ich könnte das Geschehen als eine Form qualitativer Sozialforschung beschreiben, als eine ursprünglich wissenschaftliche Praxis, die nun in einem neuen Kontext Verwendung findet um die Bedürfnisse der Nutzer*innen zu erheben und mit den entsprechenden Produkten oder Dienstleistungen zu adressieren. Auf diese Weise würde ich die Selbstbeschreibungen des Design Thinking lediglich reproduzieren, weil ich das darin präsentierte Deutungsangebot fraglos übernehmen würde. Die Praxis der Generierung einer Persona als qualitative Sozialforschung zu beschreiben, hieße, sie mit scholastischem Blick zu etwas zu machen, das sie nicht ist. Diesen Fehler möchte ich vermeiden. Die Soziologie der Übersetzung interessiert sich nicht dafür, was Design Thinking mit qualitativer Sozialforschung zu tun hat. Stattdessen stellt sie ein Vokabular bereit, mit der sich diese Sequenz beschreiben lässt, ohne von der *Erhebung von Bedürfnissen* etc. zu sprechen. So wird eine soziologische Beschreibung möglich, die »einen Unterschied macht« (Hirschauer 2001: 449).

## Repräsentation oder Konstruktion?

Der Anspruch des Design Thinking ist die Befriedigung grundsätzlicher menschlicher Bedürfnisse: »[T]o create new ideas, that will serve unmet needs, and that will have a positive impact« (Brown 2009: 76). Doch wie werden diese fundamentalen menschlichen Bedürfnisse entdeckt? Werden sie überhaupt entdeckt? Menschen und ihre Bedürfnisse finden als solche im Design Thinking-Prozess keinen Platz; sie müssen für das Verfahren kompatibel gemacht werden, indem sie entsprechend transformiert werden. Es wird nicht gemeinsam *mit* Menschen, sondern *für* Menschen entwickelt und deshalb müssen sie irgendwie im Verfahren abgebildet werden. Dies geschieht, indem, aufbauend auf der Befragung oder Beobachtung von Personen, Notizen erstellt werden und indem diese Notizen später auf Klebezettel übertragen werden. Aus Personen werden Klebezettel und erst als Klebezettel schaffen sie es an die Stellwand, an der sie sich wiederum zur Persona gruppieren, der fortan bestimmte Eigenschaften, Gefühle und Probleme zugeschrieben werden. Übersetzungen schaffen somit »die Möglichkeit, dass ein Element [...] für ein anderes [...] stehen kann« (Law 2006: 438) und um mit Design Thinking kompatibel zu sein, müssen die Personen zu Klebezetteln und zur Persona werden. Die hier zur Verwendung kommenden Materialien – die Klebezettel, das Whiteboard, die Methodenkarten – lassen sich somit als »Inskriptionstechnologien« (Latour und Woolgar 1986: 51) beschreiben. Mit ihrer Hilfe werden die Personen übersetzt und die Verbindungen zwischen den Personen und der Persona hergestellt. Ohne die Inskriptionstechnologien gäbe es keine Persona an der Stellwand, für die Produkte und Dienstleistungen entwickelt werden könnten und deren Bedürfnisse sich stillen ließen.

Die Vorteile dieser Übersetzungen liegen auf der Hand: Erstens bedeutet es für die Design Thinkers einen großen Zugewinn an Annehmlichkeit, wenn sie mit Klebezetteln, statt mit Menschen arbeiten. Klebezettel bleiben bei ihren Aussagen, entscheiden sich nicht um und widersprechen nicht. Zweitens werden auf diese Weise zeitlich und räumlich voneinander entfernte Personen zu Zeitgenoss*innen an der Stellwand und können gleichzeitig betrachtet werden. Drittens sind Klebezettel mobil und rekombinierbar. Sie lassen sich hin- und herschieben; die Gebundenheit bestimmter Merkmale an ihre Träger*innen – die Personen – lassen sich auf neue Weisen ordnen, zum Beispiel nach den Kategorien der Persona in obiger Sequenz: »Think«, »Feel«, »Say & Do« und »Hear & See« (vgl. Latour 2002b: 49-50). Dem Design Thinking-Team ist es nun möglich, die Zettel ohne Widerspruch der Personen auf die sie verweisen zu ordnen und zu gewichten, was im direkten Kontakt mit ihnen nur schwer möglich gewesen wäre. Das Design Thinking-Team kann ab jetzt entscheiden, was es als relevant erachtet und was somit die Bedürfnisse und Probleme der Persona sind. Die in Zeit und Raum verstreuten Personen wären ohne das Zutun der Design Thinkers niemals zusammengekommen, ihre Merkmale hätten sich nie zu neuen Kombinationen und zu der generierten Persona zusammengefunden (ebd.: 51).

### Repräsentieren ist Interpretieren ist Konstruieren

Doch welche Merkmale sind es, die am Whiteboard zusammenfinden? Es handelt sich nicht um »buchstäblich getreue Übersetzung[en]« (Latour 2006b: 108). Die Persona, die im Verlauf der obigen Sequenz generiert wurde, soll auf die befragten Personen *dort draußen* in der Wirklichkeit verweisen. Sie soll als Stellvertreterin für die späteren Nutzer*innen fungieren und in ihr sind jene Charakteristika der Befragten vereint, die als *Insights* erkannt und für relevant erklärt wurden. Von nun an wird für die Persona entwickelt und nicht mehr für die Befragten. Es muss nicht mehr an die diffuse und unübersichtliche Menge unterschiedlicher Personen gedacht werden, die längst wieder ihre eigenen Wege gehen, sondern an Heike, die mit deutlich sichtbaren Eigenschaften an der Stellwand erscheint. Es gibt prinzipiell unendlich viele Eigenschaften, die sich beobachten und notieren ließen, aber nicht alle scheinen relevant zu sein. Pro befragter Person werden nur fünf bis acht Punkte als Insights selektiert und landen dann als Klebezettel am Whiteboard. Heike bildet die befragten Personen also nicht in ihrer Gesamtheit, sondern nur in ausgewählten Ausschnitten ab, und im Verfahren wird entschieden, welche Aspekte das sind. Wir wissen spätestens seit Foucault (1991: 34-35), dass man den Dingen, wenn man über sie spricht, immer ein gewisses Maß an Gewalt antut, weil »das Zeichen bereits eine Interpretation [ist], die sich nicht als solche zu erkennen gibt« (Foucault 2001: 735). So gibt Heike vor, die befragten Personen zu verstehen und zu repräsentieren, während sie die Personen letztlich auf ganz bestimmte Aspekte reduziert. Diese wurden von den Design Thinkers als relevant eingestuft und passen in die Struktur der Empathy Map. Statt Personen also zu repräsentieren definiert Heike selbst, wer diese Personen dort draußen sind; und sie selbst ist nur eine Ansammlung von Klebezetteln.

## Realities Made and Unmade

Bei der Übersetzung werden »Akteure [somit] neu konstituiert, umdefiniert oder getilgt« (Kneer 2009). Nicht für die Personen *dort draußen*, sondern für die Persona *hier drinnen*, die auf die Befragten verweisen soll, wird im Design Thinking entwickelt; und sie verweist – das ist der entscheidende Punkt – jetzt nicht mehr auf die gesamte theoretisch beschreibbare Realität *dort draußen*, sondern auf einen spezifischen für das Design Thinking relevanten Ausschnitt. Indem pro Person fünf bis acht Klebezettel mit spezifisch ausgewählten Aspekten am Whiteboard landen, wird eine bestimmte Welt *dort draußen* konzipiert, in der Personen mit diesen – und eben nur diesen – Eigenschaften, Bedürfnissen und Problemen existieren. Was sich in obiger Sequenz beobachten lässt ist also nicht die Abbildung einer Wirklichkeit, sondern die Konstruktion einer bestimmten Wirklichkeit. Es handelt sich um einen doppelten Konstruktionsvorgang: Im Design Thinking-Labor wird eine Persona konstruiert, die auf eine Realität im Außen verweist. Diese Realität ist jedoch anders als die potentiell beschreibbare Realität, weil sie davon abhängt, was als Insight notiert zum Teil der Persona wurde. So sind wir mit sichtbar gemachten Eigenschaften *dort draußen* konfrontiert, und mit einer Persona *hier drinnen,* die auf diese Eigenschaften verweist und den Eindruck erweckt, als wäre sie lediglich ein Spiegel der Realität (vgl. Law 2004: 84). Was bleibt, ist eine unsichtbar gemachte Realität – eine Realität, die für das Design Thinking nicht relevant ist und zu der die Persona keine Referenzen aufbaut. John Law (ebd.: 13, 38-42, 83-85) bezeichnet diese Praktiken der Sichtbar- und Unsichtbarmachung von Realitäten als *method assemblage.* »The general lesson is that to enact out-thereness is to make *silences and non-realities as well as signals and realities.* This double movement – realities made and realities unmade – is constitutive of method assemblage« (ebd.: 107). Auf diese Weise lassen sich drei Bereiche unterscheiden: »(a) whatever is in-here or present [Heike, T.S.]; (b) whatever is absent but is also manifest in its absence [die Welt des Design Thinking, T.S.]; and (c) whatever is absent but is Other because, while it is necessary to presence, it is not or cannot be made manifest [Alles andere, T.S.]« (ebd.: 84). In der Unterscheidung dieser drei Bereiche liegt der Schlüssel zum Verständnis von Design Thinking. Es werden nicht lediglich Ideen für Produkte und Dienstleistungen entwickelt, sondern mit ihnen eine eigene Welt erzeugt – der Bereich (b) in obiger Terminologie.

## II.3 DESIGN THINKING ERZEUGT PROBLEME

Was zeichnet diese Welt aus? Wie unterscheidet sie sich von anderen Welten? Mit Foucault lässt sich zunächst danach fragen, »von wem die Interpretation stammt, [weil] das Prinzip der Interpretation [...] nichts anderes als der Interpret [ist]« (Foucault 2001: 736). Diese Frage muss in zwei Richtungen erweitert werden. Einerseits kann sie als die Frage gestellt werden, wo der Interpret steht, was also sein gesellschaftlicher

Ort ist.[8] Andererseits muss sie praxeologisch umgedeutet werden: Es sind nicht Personen, die hier interpretieren, sondern es ist die Praxis des Interpretierens als Zusammenspiel von Menschen und Artefakten. Nur so lässt sich die Spezifik der konstruierten Welt erkennen.

Die in Heike kristallisierten Merkmale verweisen auf Bedürfnisse oder Probleme, die sich dadurch auszeichnen, dass sie sich mit Produkten und Dienstleistungen befriedigen bzw. lösen lassen. In dieser Welt erscheinen Menschen in der Rolle von Nutzer*innen oder Konsument*innen; ihre Probleme werden durch Produkte gelöst, ihre Bedürfnisse durch Dienstleistungen gestillt – sofern sie das Angebot an-

8 Mit dieser Frage begebe ich mich auf dünnes Eis und es werden Fallstricke in meiner Theoriewahl deutlich. Wenn ich nämlich davon ausgehe, den gesellschaftlichen Ort, an dem Design Thinking stattfindet, schon zu kennen, trage ich streng genommen ein Wissen an den Gegenstand heran, das ich einem ethnographischen Selbstverständnis nach überhaupt nicht haben dürfte. Latour und Woolgar (1986: 279) sehen grade im Verzicht auf ein solches a prioi Wissen die Stärke ihres Zugangs: »[The] main advantage is that unlike many kinds of sociology (especially marxist), the anthropologist does not know the nature of the society under study, nor where to draw the boundaries between the realms of technical, social, scientific, natural and so on.« Vielleicht lässt sich hier ein Unterschied zwischen soziologischer und ethnologischer Ethnographie (vgl. Scheffer und Meyer 2011) erkennen. Ich würde mich somit dem Pol der soziologischen Ethnographie zuordnen und als Person begreifen, die mehr von Theorien funktionaler Differenzierung als vom Marxismus beeinflusst ist, weil ich es anscheinend nicht unterlassen kann, meinen Gegenstand in Funktionssystemen zu verorten. Dies wird im weiteren Verlauf von Kapitel II.3 deutlich, weil ich in Richtung einer funktionssystemspezifischen Selektion gesamtgesellschaftlicher Wirklichkeiten argumentiere (vgl. auch Fußnote II.10). Dieser Rückgriff auf Wissen über die Gesellschaft muss nicht zwangsläufig eine schlechte Angewohnheit sein, sondern kann meiner Meinung nach einen erheblichen Beitrag zum Verständnis des Gegenstandes leisten.

nehmen und kaufen.[9] In dieser Welt fällt dem Design Thinking die Rolle zu, Lösungen für Probleme bereitzustellen – egal ob sie individueller oder gesellschaftlicher Natur sind.

»A competent designer can always improve upon last year's new widget, but an interdisciplinary team of skilled design thinkers is in a position to tackle more complex problems.« (Brown 2009: 7)

»We are at a critical point where rapid change is forcing us to look not just to new ways of solving problems but to new problems to solve.« (Ebd.: 153)

Design Thinking konvertiert Probleme in Marktlücken. In der Welt des Design Thinking warten Probleme lediglich auf das noch fehlende Produkt, ihre Ursachen sind nie struktureller Natur. Damit ist der Anwendungsbereich des Design Thinking prinzipiell unbegrenzt dehnbar. Jedes Problem lässt sich in eine handhabbare Version übersetzen. Ganz egal ob Menschen ungern Staubsaugerbeutel kaufen (vgl. HPI School of Design Thinking 2015c), ob sie psychische Probleme haben (vgl. Thienen und Meinel 2014), oder ob sie von Armut und Krankheit betroffen sind (vgl. Brown 2009: 203-225) – stets kann Design Thinking die entsprechende Lösung bereitstellen. Dies erklärt in gewisser Weise die Affinität zu einer rhetorischen Bezugnahme auf globale Probleme, auf *grand challenges* oder *wicked problems,* die sich gerade dadurch auszeichnen, dass sie sich nicht vollständig beschreiben, isolieren oder objektiv betrachten lassen (vgl. Rittel und Webber 1973).[10]

---

9 Selbstverständlich muss nicht jedes Design Thinking-Produkt von den Konsument*innen selbst gekauft werden. Die Rolle der Käuferin und des Konsumenten muss nicht zwangsläufig in derselben Person zusammenfallen.

10 Diese Bezugnahmen auf globale Probleme lassen sich auch als Phänomene der Responsivität interpretieren. Damit sind Strukturen und Mechanismen bezeichnet, die systemintern erzeugt werden, um externe gesellschaftliche Problemlagen zu reflektieren und zu bearbeiten (vgl. Stichweh 2015). Design Thinking wird seltener mit dem Argument angepriesen, dass mit den

»If we need to set priorities, the United Nations' Millennium Development Goals would be a good place to start, but ›eradicate extreme poverty‹ and ›promoting gender equality‹ are far too broad to serve as effective design briefs. If the Millennium Development Goals are to be met, they will have to be translated into practical design briefs that recognize constraints and establish metrics for success. More promising questions might be:
How might we enable poor farmers to increase the productivity of their land through simple, low-cost products and services?
How might we enable adolescent girls to become empowered and productive members of their community through better education and access to services?« (Brown 2009: 217)

In jedem dieser *Briefs* schimmert das zu entwickelnde Produkt bereits schemenhaft durch und es scheint, als müsste der Design Thinking-Prozess nur noch durchlaufen werden, um es manifest werden zu las-

entwickelten Produkten ein Wettbewerbsvorteil gewonnen und mehr Profit erzielt werden könne. Dies stellt sich in der gängigen Argumentation meist als Nebeneffekt ein, wenn der Fokus auf echte Probleme gelegt wird. Ich zitiere hier eine Passage aus Change by Design (Brown 2009), die in diesem Kontext als Abhandlung über die Erst- und Zweicodierung des Wirtschaftssystems interpretiert werden kann. »Though it is praiseworthy to contribute our talents to the eradication of preventable disease, disaster relief, and rural education, too often our instinct has been to think of these interventions as social acts that are different from and superior to the practical concerns of business. They are the domain of foundations, charities, volunteers, and NGOs, not of ›soulless corporations,‹ which attend only to the bottom line. Neither of these is any longer an acceptable model, however. Businesses that focus solely on bumping up their market share by a few tenths of a percentage point miss significant opportunities to change the rules of the game, and nonprofit organizations that go it alone may be denying themselves access to the human and technical resources necessary to create sustainable, systemic long-term change.« (Ebd. 206-207)

sen. Das Problem ist so übersetzt, dass es auf seine Lösung in Form eines Produkts wartet und somit lösbar ist. Werden Problem und Produkt dann zusammengebracht, reagieren sie miteinander und verbinden sich zu einer neuen Situation, in der das Problem gelöst und aus der Welt geschaffen ist. Design Thinking erscheint so als universell anwendbarer Prozess zur Lösung von Problemen, dessen Potential nur noch zu entfesseln ist: »Today we have an opportunity to [...] unleash the power of design thinking as a means of exploring new possibilities, creating new choices, and bringing new solutions to the world.« (Brown 2009: 242)

Design Thinking sucht also nach Lösungen für Probleme, die es selbst kreiert. Aus dem Zusammenspiel von Problemkonstruktion und der Entwicklung eines Lösungsvorschlags besteht das Konzept. Offensichtlich werden die Probleme durch das Konzept nicht selbst verursacht – Design Thinking kann beispielsweise nicht als Grund für globale Armut betrachtet werden. Individuelle oder gesellschaftliche Problemfelder werden jedoch auf eine spezifische Weise übersetzt, sodass sie anschlussfähig werden für Lösungen, die Design Thinking bereitstellen kann. Als ich beschrieben habe, wie die Persona Heike mit ihren spezifischen Bedürfnissen und Problemen konstruiert wurde, beschrieb ich also auch einen Prozess der Problemdefinition. Die mit Design Thinking kompatiblen Probleme erscheinen als direkte Repräsentation der *wahren* Probleme, und es wird suggeriert, als wäre eine objektive und isolierte Betrachtung und Bearbeitung dieser Probleme möglich. Der Glaube an diese Fixier- und Definierbarkeit von Problemen wurde in den Debatten zur strategischen Planung der 1970er Jahre massiv erschüttert: »By now we are all beginning to realize that one of the most intractable problems is that of defining problems (of knowing what distinguishes an observed condition from a desired condition) and of locating problems (finding where in the complex causal networks the trouble really lies)« (Rittel und Webber 1973: 159). Für diese Erkenntnis ist im Design Thinking verständlicherweise kein Platz, denn die Probleme *müssen* hier als Leerstellen erscheinen, die durch das

Produkt oder die Dienstleistung ausgefüllt werden können – sonst hätte das Konzept keinen Sinn.

Die Problemdefinition beinhaltet immer schon ein Skript, in dem die Geschichte seiner Lösung erzählt wird und durch das – wie in einem Theaterstück – verschiedene Rollen und eine Handlung vorgegeben werden. (vgl. Belliger und Krieger 2006: 44; Latour 2006c: 485)[11] Die Handlung dieser Geschichte ist schnell erzählt; ein Design Thinking-Script erzählt meist ein Stück in drei Akten: Der problembehaftete Ursprungszustand, das Zusammentreffen von Nutzer*in und Produkt, sowie der Endzustand in dem das Problem beseitigt ist. Diese Beschreibung des Design Thinking als Inszenierung von Theaterstücken ist hier nicht lediglich als analytische Metapher, sondern durchaus als Beschreibung der Praxis zu verstehen. Häufig findet die Präsentation von Produktideen als Theaterstück statt, in dem die drei Akte durchlaufen werden. Bei verschiedenen Workshops konnte ich miterleben, wie sich Mitarbeiter*innen großer Konzerne verkleideten und voller Inbrunst ihrer Produktidee als Theaterstück aufführten (vgl. Notiz 16.06.15; Notiz 18.06.15). Auch in den Selbstbeschreibungen wird die Wichtigkeit des *Storytelling* hervorgehoben

»Mostly we rely on stories to put our ideas into context and give them meaning. It should be no surprise, then, that the human capacity for storytelling plays an important role in the intrinsically human-centered approach to problem solving, design thinking.« (Brown 2009: 132)

Mit der Handlung werden auch spezifische Rollen festgelegt, die sich in den oben zitierten *Briefs* exemplarisch ablesen lassen. Poor farmers

---

11 Michel Callon (2006) beschreibt die Problemdefinition als *Problematisierung*, die er als erste von vier Phasen der Übersetzung definiert. Bei den drei anderen Phasen handelt es sich um *Interessement, Enrolment und Mobilisierung*. Callons Modell lässt sich hier nur bedingt anwenden, weil sich Design Thinking dadurch auszeichnet, im Prinzip nur den halben Übersetzungsprozess zu durchlaufen (siehe Kapitel II.5).

oder adolescent girls erscheinen als Personengruppen mit einem spezifischen Problem, das als zu füllende Leerstelle auf seine Lösung wartet. Das Produkt soll die Leerstelle später ausfüllen und ist zunächst nur durch seine Abwesenheit anwesend. Im Handlungsverlauf werden die Personen mit Problemen dann zu Nutzer*innen, die Probleme verschwinden und den Produkten fällt die Rolle des Helden zu, der die Probleme beseitigt. Es gibt noch eine weitere Rolle, die in den obigen *Briefs* mit »We« adressiert wird und deren Aufgabe die Entwicklung und Bereitstellung des entsprechenden Produkts ist.[12] Mit »We« sind also die Design Thinkers selbst gemeint die auf die Beteiligten blicken und die Situation objektiv erfassen können. Sie definieren die Probleme der Beteiligten und entwickeln Ideen zu ihrer Lösung. Ihr Ort ist *hinter* der Bühne und sie sind in den Skripts unsichtbar. Sie erscheinen als nicht-situierte, empathische Wesen ohne Eigeninteressen, die immer dann auf den Plan treten um die Kraft des Design Thinking zu entfesseln, wenn *die Menschen* Probleme haben – mit dem ureigenen Wunsch zu helfen: »helping users« (Brown 2009: 98), »helping people« (98), »help customers« (119), »help parents« (119), »[help] Bank of America« (119), »help managers« (122), »help us« (149), »[help] established companies as diverse as Procter & Gamble, Nike, ConAgra, and Nokia« (159), »help the blind« (209). In dieser Mischung aus Altruismus und Allwissenheit wirken die Design Thinkers wie Gott und es ist eine klare Trennung in sozialer Dimension – zwischen Hilfeleistenden und Hilfeempfangenden – etabliert (vgl. Kimbell 2011: 296-298). Diese Trennung wird in den Selbstbeschreibungen jedoch auch immer wieder unterlaufen: »It's not about ›us versus them‹ or even ›us on behalf of them.‹ For the design thinker, it has to be ›us with them.‹« (Brown 2009: 58). Diese angestrebte Vereinigung von

12 Teilweise sind die Briefs auch in Passivkonstruktionen formuliert. Zum Beispiel: »How to foster constructive feedback and supportive contribution?« (Notiz 16.06.15) Dadurch werden die Design Thinkers vollkommen unsichtbar gemacht und ihr Blick wird endgültig objektiv – zum Blick von Nirgendwo (vgl. Haraway 1988; Nagel 1992).

Konsument*innen und Produzent*innen kann von dem Konzept nicht eingelöst werden, weil es mit den Design Thinkers immer die Seite der Produzent*innen ist, die im Namen der Konsument*innen spricht und sich so in paternalistischer Weise über sie stellt (vgl. Nussbaum 2010). Dies erinnert an den Habitus der Systemanalyst*innen der 1960er und 1970er Jahre, auf deren Problemlösungskompetenz schon 1972 ein Nachruf erklang: »With arrogant confidence, the early systems analysts pronounced themselves ready to take on anyone's perceived problem, diagnostically to discover its hidden character, and then, having exposed its true nature, skillfully to excise its root causes. Two decades of experience have worn the self-assurances thin. These analysts are coming to realize how valid their model really is, for they themselves have been caught by the very same diagnostic difficulties that troubled their clients« (Rittel und Webber 1973: 159). Der Anspruch, die Probleme Anderer zu lösen, setzt heute wie damals voraus, über ihnen zu stehen und besser als sie selbst darüber Bescheid zu wissen, was sie brauchen. Dieses paternalistische Moment ist in der Logik des Design Thinking fest verankert.

## II.4 Spuren verwischen

Obwohl ein Großteil der Arbeitszeit im Design Thinking damit verbracht wird, spezifische Nutzer*innen zu konstruieren, wird von »people around us« und einem Bereich »out there« gesprochen, der repräsentiert werden soll. Die Bedürfnisse sind zwar durchweg vom materiellen Setting des Design Thinking-Labors erzeugt worden, werden von den Akteur*innen jedoch als objektive Entitäten beschrieben (vgl. Latour und Woolgar 1986: 64). Warum kann die Annahme der direkten Repräsentation aufrecht erhalten und von den Beteiligten geglaubt werden? Wie kommt dieser Glaube an die Wirklichkeit zustande? Die Antwort auf diese Frage zeigte sich mir eines Abends nach einem langen und intensiven Workshoptag:

Ich habe nach dem Workshop noch beim Aufräumen geholfen. Die Teilnehmer*innen haben den Raum verlassen und ein ziemliches Durcheinander hinterlassen. Während des gesamten Tages herrschte ein reges Treiben im Raum, jetzt bin ich ganz alleine. Während die Mitarbeiter*innen der Agentur auf der Terrasse eine Zigarette rauchen und den Tag Revue passieren lassen, beginne ich damit, nach und nach alle Klebezettel von den Stellwänden zu nehmen, die großen Papierbögen abzuhängen und das übriggebliebene Material zu sortieren. Beim Entfernen der Klebezettel und Papierbögen durchlebe ich die einzelnen Arbeitsschritte noch einmal in umgekehrter Reihenfolge. Das Prototyping, das Brainstorming, die Entwicklung der Persona, die Vorbereitung der Interviews, die gemeinsame Erschließung der Design Challenge – mit jedem Blatt, dass ich von der Stellwand nehme, gehe ich den Design Thinking-Prozess einen Schritt Richtung Anfang zurück. Am Ende bleibt in der Mitte des Raums ein großer Stapel Papier und hunderte bunte Klebezettel. Für sich genommen und ohne ihre Struktur ist dies alles ein wertloser Haufen Papier; vor zwei Stunden noch wäre es undenkbar gewesen, die Stellwände einfach leerzuräumen. Herausgekommen sind drei Din A3-Bögen, die Prototyping-Templates, auf denen die entwickelten Ideen – »drei mega geile Prototypen!!« – notiert sind. Erst als die Produktideen präsentiert und notiert waren, haben die Zettel an den Stellwänden ihre Bedeutung verloren. (Notiz 16.06.15)

Was ist passiert, als die Produktideen notiert wurden? Warum werden die Verbindungen zwischen der Produktidee und den eingangs befragten Personen nun nicht mehr gebraucht? Warum konnte ich nun sämtliche Materialen von den Wänden reißen, während ich, hätte ich es nur zwei Stunden früher getan, meine Feldforschung wahrscheinlich vorzeitig beendet hätte. Latour und Woolgar (1986: 176) beschreiben einen analogen Prozess im Labor: An einem bestimmten Punkt in der Erkenntnisproduktion, wenn eine Äußerung ausreichend Gestalt angenommen und mit genügend Referenzen abgesichert ist, wird damit begonnen, die Verbindungen zwischen den Wörtern und dem Objekt das sie konstituieren zu kappen. Ein Großteil der Arbeit im Design Thinking besteht daraus, Repräsentationen *hier drinnen* zu bilden, die auf eine spezifische Wirklichkeit *dort draußen* verweisen sollen. Es ist, als würde die in die Produktidee eingeschriebene Persona ein virtuelles Bild von sich selbst nach außen projizieren, das den Anschein erweckt, als würde es auch unabhängig von der Persona existieren (vgl. ebd.). Dann, wenn die Projektion eine gewisse Stabilität erreicht hat, findet die Löschung statt. Als ich die Zettel von der Wand nahm, verwischte ich alle Verbindungen, die den Konstruktionsprozess sichtbar gemacht hatten. Es fand eine Umkehr statt. Vor der Löschung waren die in die Produktidee eingeschriebenen Nutzer*innen das virtuelle Abbild der Persona. Jetzt, nachdem die Verbindungen gelöscht sind, scheint es, als wäre die Persona der Spiegel realer Personen *dort draußen*. Persona und Nutzer*innen werden zu »split-entities« (ebd.). Wenn die Verbindungen gekappt sind, wird es möglich von Nutzernähe zu sprechen, weil der Eindruck entsteht, als wären die Nutzer*innen schon immer da gewesen. Sie sind aber erst im Verlauf des Design Thinking-Prozesses entstanden. Sie wurden nach und nach, Klebezettel für Klebezettel, hergestellt. Design Thinking kreiert also keine nutzernahen Produkte und Dienstleistungen in dem Sinne, dass man sich durch den Prozess den unabhängig existierenden Nutzer*innen immer weiter annähert. Stattdessen werden erst produkt- und dienstleistungsnahe Nutzer*innen geschaffen und dann die jeweiligen Ideen entwickelt. Um es in Marx' Worten zu sagen: »Die Produktion produziert daher nicht nur einen Gegenstand für das Subjekt, sondern auch ein Subjekt für den Gegenstand« (Marx und Engels 1961: 624). Somit erscheint das Konzept der Nutzernähe hinfällig, weil es mit den Nutzer*innen einen festen Pol suggeriert, dem man sich im Projektverlauf annähert. Eine alternative Beschreibung des Design Thinking, die sich an der Soziologie der Übersetzung orientiert, betont hingegen, dass beide Seiten – die Nutzer*innen und die Produkte – in Bewegung sind. Sie positioniert sich »at the exact place where innovation is situated, in this hard-to-grasp middle-ground where technology and the social environment which adopts it simultaneously shape each other« (Akrich et al. 2002: 205).

## II.5 DESIGN THINKING ALS REINER ENTWICKLUNGSPROZESS

Erst durch die Löschung der Verbindungen zwischen Persona und konstruierter Realität wird letztere *real.* Wenn der Produktentwurf am Ende steht, werden die Verbindungen nicht nur nicht mehr gebraucht, sie müssen vielmehr verschwinden, um den Konstruktionsprozess unsichtbar, und das entworfene Produkt als Antwort auf vorgefundene Probleme erscheinen zu lassen. Nun stellt sich legitimerweise die Frage, was mit den Produktentwürfen geschieht, wenn sie realisiert werden. Denn, so ließe sich einwenden, könne doch der spätere Markterfolg eines Produktes beweisen, dass Design Thinking tatsächlich nutzernahe Lösungen entwickelt. Wenn das Produkt gekauft wird, sich gar als Verkaufsschlager herausstellt, wäre dies dann nicht der Beweis dafür, dass durch das Verfahren tatsächlich Nutzerbedürfnisse *aufgefunden* wurden?[13]

Das spätere Schicksal der im Design Thinking entwickelten Produkte und Dienstleistungen ist ungewiss, weil der unmittelbare Output der Projekte nur aus Ideen für Produkte und Dienstleistungen besteht, deren Realisierung nicht Teil des Konzepts ist. Dies stellte auch die Akteur*innen im Feld immer wieder vor Probleme. Der Agenturalltag besteht aus der permanenten Durchführung von Design Thinking-Projekten und -Workshops. Die paradoxe Forderung nach »serielle[r] Einzigartigkeit« (Bröckling 2007: 174) ist hier das Alltagsgeschäft. Am laufenden Band werden Prototypen und Ideen für Produkte oder

13 Es kostete mich einige Mühen, von dieser Argumentation loszukommen. Ich war überrascht, wie häufig genau dieses Argument ins Feld geführt wurde, wenn ich in den letzten Monaten mit anderen Personen über Design Thinking diskutierte. Es war die immer wiederkehrende Frage »Und, funktioniert es?«, mit der ich konfrontiert wurde. Foucaults Diagnose, nach welcher der Markt im Neoliberalismus als Ort der Veridiktion erscheint und über wahr und falsch entscheidet, scheint also noch zuzutreffen (vgl. Foucault 2006: 57).

Dienstleistungen entwickelt, die aber nach dem Design Thinking-Prozess nur als Ideen oder Prototypen existieren. Sie sind noch nicht realisiert und konnten ihre vermeintlich einzigartige Qualität noch nicht unter Beweis stellen. Eben weil sie das Ergebnis von Design Thinking sind – so die Rhetorik – sind sie anderen Produkten überlegen und werden sich im Wettbewerb durchsetzen.[14] In dieser Weise äußert sich etwa Ulrich Weinberg, der Leiter der d.school in Potsdam bei einer Präsentation des Konzepts.

»Da wir von hier [von der Nutzer*innenseite, T.S.] starten, sind wir sicher, dass wir nicht ein wahnsinns ausgeklügeltes Marketingkonzept brauchen, um Irgendwas, das keiner braucht, dann doch noch an ein paar Leute zu verkaufen. Sondern wir kennen schon ziemlich viele, die das brauchen.«
(Weinberg 2012: 2:34min)

Weil die entwickelten Produkte den Menschen quasi auf den Leib geschneidert sind – so die Argumentation – werden sie wie von selbst zum Verkaufsschlager avancieren. Die Schritte der Realisierung der Ideen werden hier vollkommen ausgeblendet und es wird ein Bild vermittelt, in dem die Ideen als solche so gut sind, dass sie später als Produkte erfolgreich sein werden. Im Design Thinking-Prozess wird der Bogen gespannt, sodass der Pfeil nur noch losgelassen werden muss und von alleine fliegt. Diese Argumentation scheint von den Akteur*innen geglaubt zu werden; ein späterer Misserfolg kann immer auch auf Fehler in der Umsetzung zurückgeführt werden. Das Versprechen der Nutzernähe erscheint somit als Prophezeiung

14 Selbstverständlich werden aber nicht sämtliche Produkte erfolgreich sein. Ein Beispiel für einen gescheiterten Design Thinking-Produktentwurf sind die sogenannten Coaster Bikes von Shimano, die in Change by Design (Brown 2009: 13-15) an prominenter Stelle als Erfolgsgeschichte des Design Thinking präsentiert werden, sich aber am Markt nie durchsetzen konnten (vgl. Roth 2010).

Für die bereits Bekehrten herrscht Gewissheit, dass ihr Verfahren nutzernahe und damit überlegene Produkte generiert. Sie glauben an die Prophezeiung und sind von der Superiorität ihrer Produktideen überzeugt. Aber was ist mit den (noch) nicht Bekehrten? Für sie gilt das Problem aller zu Missionierenden: Man muss sie vor dem Eintreten der Prophezeiung vom zukünftigen Eintreten der Prophezeiung überzeugen (vgl. Festinger 1956). Weil die Prophezeiung nicht durch ihr Eintreten bewiesen werden kann, muss zumindest die Authentizität des Propheten sichergestellt sein. Und so muss, weil die Aussicht auf einen Markterfolg nicht direkt anhand des Eintretens des Markterfolgs bewiesen werden kann, zumindest gezeigt werden, dass die entwickelten Ideen wirklich dem Design Thinking entsprungen sind. Dies ist die Bekehrungsstrategie, mit der ich im Feld konfrontiert wurde:

Nina: »Im Design Thinking findet extrem viel konzeptionelle Arbeit statt, die du dem Endprodukt später nicht mehr ansiehst, die da *aber trotzdem irgendwie drin ist.* Du kannst später nur viel Geld verlangen, wenn du auch beweisen kannst, dass da entsprechend Arbeit reingeflossen ist.« (Notiz 02.06.15)
Jan: »Selbstverständlich ist es auch möglich mit Design Thinking zu lügen. Du kannst einfach ne fixe Idee aus dem Ärmel schütteln und behaupten, dass du den Design Thinking-Prozess durchlaufen hättest. Deshalb verkaufen wir immer eine Präsentation mit den zentralen Ergebnissen und eine ausführliche Dokumentation des Prozesses.« (Ebd.)

Für die Akteur*innen geht es in diesen Äußerungen primär um die Frage, wie sie die Preise für ihre Arbeit vor den Kunden rechtfertigen können. Es ist kein rein missionarisches, sondern auch buchhalterisches Kalkül. Unabhängig von ihrer Intention wird hier jedoch ein für die Akteur*innen fundamentales Problem sichtbar: Der Widerspruch zwischen einer postulierten Einzigartigkeit ihrer Produkte und der Erkenntnis, dass man ihnen nicht ansieht, ob sie durch Design Thinking zustande gekommen sind oder nicht. Dieser Problematik wird in obigen Zitaten bearbeitet, indem darauf beharrt wird, dass die Arbeit *irgendwie* im Produkt enthalten sei. Gegenüber den Kunden wird die

*Echtheit* der Ergebnisse mit einer Dokumentation unter Beweis gestellt, die den Prozess retrospektiv aufarbeitet. Darin wird jeweils rekonstruiert, in welchen Schritten, durch welche Rekursionsschleifen und entlang welcher Sackgassen das Endprodukt zustande kam. Diese Dokumentation fungiert als Echtheitszertifikat. Genau wie es beispielsweise nachzuweisen gilt, dass bestimmte Rohstoffe nicht aus Konfliktregionen stammen, obwohl sich die Molekularstruktur von Gold nicht durch Menschenrechtsverstöße ändert, so muss auch im Hinblick auf Produktentwürfe nachgewiesen werden, dass sie aus den Labors der Design Thinkers stammen – obwohl man ihnen das nicht anmerkt. Eine gewisse Unsicherheit bleibt; ein Zweifel, der sich durch den Glauben an das Konzept zwar unterdrücken, aber nicht beseitigen lässt. Vielleicht liegt hier der Grund für das manchmal sektenartige Erscheinen des Design Thinking. In Gesprächen während meiner Feldarbeit reflektierten die Akteur*innen häufig selbst über Design Thinking und ihre Zeit an der d.school. Hierbei war es nicht selten, dass sie sich selbst als »Gruppe von Außerwählten« (Notiz 05.05.15) bezeichneten und über »sektenartige Zustände« (Notiz 10.04.15) an der d.school sprachen. Auch Tim Brown bekennt sich zu Design Thinking als Religion: »I have become a convert and an evangelist of design thinking.« (Brown 2009: 7)[15]

Wenn der Zweifel durch Glauben unterdrückt werden muss, ist es nicht möglich, die generierten Produktideen infrage zu stellen. Ich war am Ende zahlreicher Workshops erstaunt darüber, mit welcher Euphorie über die generierten Ideen gesprochen und wie bedingungslos ihnen das Attribut der Neuheit zugesprochen wurde, selbst wenn offensicht-

15 Diese quasi-religiösen Züge von Innovationsdiskursen betont auch Ulrich Bröckling: »Der Glaube an die schöpferischen Potentiale des Individuums ist die Zivilreligion des unternehmerischen Selbst. [...] Man kann zwar Bedingungen formulieren, die für das Entstehen von Neuem günstiger oder ungünstiger sind, man kann beschreiben, was dabei in Gehirn geschieht – es bleibt ein letztlich nicht erklärbarer ›Sprung‹, theologisch gesprochen: ein Wunder.« (Bröckling 2007: 152)

lich war, dass eben jene Lösungen andernorts schon existieren. Häufig wurde in den Workshops mit Problemen gearbeitet, die auf den Firmen- und Arbeitsalltag der Beteiligten zugeschnitten waren. So lautete beispielsweise eine Challenge: »How to foster constructive feedback and supportive contribution?« (Notiz 16.06.15). Die am Schluss entwickelte Idee war die firmeninterne Veranstaltung sogenannter »Fuck-Up Nights«, in denen insbesondere die Geschäftsführung von persönlichem Scheitern berichten sollte, um eine allgemeine Atmosphäre des Scheitern-Dürfens zu generieren. Das Prinzip der Fuck-Up Nights ist keineswegs neu und als Eventreihe schon längere Zeit fest etabliert. 2012 in Mexiko entstanden, verfolgt die »globale Bewegung [...] die Vision, Scheitern politisch, gesellschaftlich und persönlich zu entstigmatisieren« (fuckups 2015). Zu solchen Veranstaltungen finden sich meist Akteur*innen zusammen, die sich auf die eine oder andere Weise unternehmerisch betätigen, um ein Scheitern-Dürfen zu kultivieren. Den Mitgliedern der Agentur, die ich während meiner Beobachtung begleitete, waren Fuck-Up Nights natürlich bekannt. Trotzdem wurde die Idee im Workshop mit Begeisterung aufgenommen und ihre Neuheit als »mega geiler Prototyp!!« (Notiz 16.06.15) inszeniert.

Eine agnostische Perspektive, die sich erlaubt *nicht glauben zu müssen*, kann das Problem einer nicht nachweisbaren Einzigartigkeit beseitigen, indem sie die »Innerhalb/Außerhalb«-Dichotomie (vgl. Latour 2006b: 116-119) auflöst. »Die meisten Schwierigkeiten, die mit Wissenschaft und Technologie assoziiert werden, stammen von der Idee, dass es eine Zeit gibt, in der die Innovationen in Laboratorien sind, und eine andere, in der sie draußen unter neuen Bedingungen ausprobiert werden, welche die Effizienz dieser Innovationen negieren oder bestätigen« (ebd.: 118). Diese Idee ist auch die Ursache für obiges Problem. Design Thinking findet in zeitlich und räumlich klar begrenzten Räumen statt; die Akteur*innen trennen dichotom zwischen *Innen* und *Außen* und auch zwischen *Vor* und *Nach* der Freisetzung ihrer Ideen – denn der Prozess hat mit der finalen Präsentation der Produktidee ein klar definiertes Ende, bei dem auch die Verantwortlichkeit für die Produktidee aus den Händen gegeben wird. Die Akteur*innen sind mit dem Selbstanspruch konfrontiert, durch ihren Prozess die Produktidee mit so viel Nutzernähe aufzuladen, dass sie sich später von alleine am Markt durchsetzen wird. Der prognostizierte Erfolg soll sich durch das Objekt per se und seine intrinsischen Eigenschaften einstellen. Wie ich jedoch gezeigt habe, geht es im Design Thinking nicht primär um die Generierung von Produktideen, sondern auch um die Konstruktion produkt- und dienstleistungsnaher Nutzer*innen. Diese Erklärung zeigt, dass die »Realität banaler und weniger mystisch« (ebd.) ist, als es die Akteur*innen vermuten. Während der Entwicklung haben die Design Thinkers die Dinge unter Kontrolle. Im geschützten Raum *unter Laborbedingungen* scheint alles zu funktionieren, die Persona widerspricht nicht, identifiziert sich mit den Problemdefinitionen und nutzt die ihr zugedachten Produkte. Die Frage, die sich mit Blick auf eine Realisierung der Produkte nun stellt, lautet nicht, ob genügend Nutzernähe ins Produkt geladen wurde, sondern ob es auch außerhalb des Labors gelingt, Personen zur Übernahme der Rolle der Nutzer*innen zu bewegen. Dies setzt voraus, dass sie davon überzeugt werden können, Probleme zu haben, die sich durch die entsprechenden Produkte lösen lassen. »Fakten [können] die Laboratorien [nicht] verlassen ohne gleichzeitige Verbreitung der Laboratoriumsverfahren« (ebd.) und Design Thinking-Produkte können nicht erfolgreich werden, wenn nicht dafür gesorgt wird, dass die Konstruktion der Nutzer*innen außerhalb des Entwicklungsprozesses anhält. »The Key to Success in Innovation« (Akrich et al. 2002) liegt – so wird in gleichnamigem Artikel argumentiert – in der Kunst des Interessement. Es geht darum, die Akteur*innen dazu zu bringen, ihre neuen Rollenzuschreibungen und die ihnen zugewiesenen Funktionen zu akzeptieren (vgl. Callon 2006: 151-156). »[T]he outcome of a project depends on the alliances which it allows for and the interests which it mobilises« (Akrich et al. 2002: 205). Somit besteht kein Unterschied zwischen der Realisierung von Design-Thinking Produktideen und solchen, die auf andere Weise zustande gekommen sind und es verwundert nicht, warum dieser Prozess kaum thematisiert wird: die postulierte Einzigartigkeit der Ideen lässt sich im Zuge ihrer Realisierung nicht aufrecht erhalten.

Die bisherigen Überlegungen des zweiten Kapitels bezogen sich primär auf den Output des Design Thinking. In Auseinandersetzung mit dem Versprechen der Nutzernähe konnte ich die Selbstdarstellung problematisieren, nach der im Design Thinking-Prozess Produkte und Dienstleistungen den späteren Nutzer*innen auf den Leib geschneidert werden und das Konzept primär als Schlüssel zur Lösung von Problemen erscheint. Um Design Thinking mit dem Versprechen einer gesellschaftstransformierenden Kraft auszustatten, muss die Welt auf eine besondere Weise entworfen und dargestellt werden. Die postulierte Einzigartigkeit der Produkte erscheint in diesem Zuge fragwürdig und wird auch für die Akteur*innen im Feld immer wieder zum Problem. Im ersten Kapitel deutete ich mit der Unterscheidung zwischen dem Endprodukt des Design Thinking und dem Prozess selbst zwei Dimensionen an, unter denen man das Konzept betrachten kann. Schon die Untersuchung der Temporalität brachte mich zu der Erkenntnis, dass der Prozess selbst, also die Art und Weise, in der heterogene Akteur*innen zur Zusammenarbeit befähigt werden, weitaus zentraler zu sein scheint als inhaltliche Fragen bezüglich des Produkts – selbst wenn es in den Selbstbeschreibungen eine größere Rolle spielt. Was lässt sich also über den Prozess selbst lernen, wenn man die Materialität des Konzepts weiterhin im Blick behält?

## II.6 METHODEN ALS WERKZEUGE

Zu Beginn des zweiten Kapitels erwähnte ich, dass ich vor dem Feldeintritt damit gerechnet hatte, ein spezifisches Verständnis von qualitativen Methoden vorzufinden, welches sich mir aber nicht zeigte. Statt methodologischen Überlegungen wurde auf Empathie verwiesen, um den Arbeitsprozess zu erleuchten. Eine Akteurin berichtete mir, dass an der d.school keine Methodenausbildung stattfände, wie sie es in ihrem Soziologiestudium kennengelernt habe (siehe Kapitel I.5). Aber wie werden die nötigen Kenntnisse dann erlernt? Design Thinking wird nicht über den Umweg der Theorie gelehrt, sondern vom ersten Tag an durch die Praxis vermittelt. Die Ausbildung an der d.school ist im basic track beispielsweise so aufgebaut, dass zuerst ein eintägiges Projekt durchgeführt wird. Das nächste dauert dann eine Woche, worauf ein dreiwöchiges sowie das sechswöchige Hauptprojekt folgt. Ganz im Sinne des Bekenntnisses zum *Doing* wird es konsequent vermieden, sich mit dem Konzept theoretisch auseinanderzusetzen. Findet dann abseits der Arbeit an den Projekten ein kurzer theoretischer Input statt, wird dies explizit als Ausnahmefall deklariert (siehe Kapitel I.2). Auch in den Workshops liegt das Hauptaugenmerk auf der unmittelbaren Durchführung von Design Thinking-Projekten, deren Arbeitsphasen zwar von Reflexionsrunden unterbrochen werden, aber dennoch den Hauptteil der Zeit in Anspruch nehmen. Design Thinking wird nicht verstanden, es wird erlebt und in diesem Erleben sammeln die Personen Erfahrungen, die sie nach und nach zu Design Thinkers werden lassen. Die Ausbildung ist ein *learning by doing,* das mittels der Praxis – durch *direkte Einverleibung* (vgl. Wacquant 2003: 63) – die Beherrschung der grundlegenden Fähigkeiten vermitteln soll. Dementsprechend wird in Einführungswerken verdeutlicht, dass diese nur bedingt dazu geeignet sind, Design Thinking zu lehren:

»*Change by Design* is divided into two parts. The first is a journey through some of the important stages of design thinking. It is not intended as a ›how-to‹ guide, for ultimately these are skills best acquired through doing.« (Brown 2009: 8)

»What's the best way to orient first-time visitors to this new and unfamiliar terrain? Though there is no real substitute for actually doing it, I can impart a fair sense of the experience of design thinking.« (Ebd.: 64)

Ich gehe davon aus, dass die Schwierigkeit der Akteur*innen über ihr Konzept zu sprechen und seine Wirkungsweise zu beschreiben (siehe Kapitel I.5) hier begründet liegt – sie haben es nie gelernt. Dennoch tun die Akteur*innen etwas und es stellt sich die Frage, was ihre Arbeit dann anleitet. Von Beginn meiner Feldforschung an fiel mir die spezifische Art und Weise auf, in der die Akteur*innen über Methoden sprachen. Im Agenturalltag außerhalb der Workshops, der primär aus Kundenakquise und Workshopvorbereitung besteht, waren häufig Äußerungen folgender Art zu vernehmen:

»Wir werden wahrscheinlich mit *jobs to be done* arbeiten.« (Notiz 14.07.15)
»Da machen wir erst eine *customer experience map* und dann die *user journey.*« (Notiz 09.06.15)
»Ich zeig dir gleich mal ein geiles *Tool*, mit dem man das Umfeld einer Organisation mappen kann.« (Notiz 01.06.15)

In diesen Zitaten wird deutlich, dass im Design Thinking Methoden auf eine spezifische Weise, nämlich als Objekte, gehandhabt werden. Methoden erscheinen als Werkzeuge, die sich für bestimmte Zwecke einsetzen lassen, und nur dem jeweiligen Einsatzzweck entsprechend ausgewählt werden müssen (vgl. ebd.; Notiz 09.06.15). Wenn sie den Akteur*innen bekannt sind, reicht es, die Namen der Methoden zu nennen und alle Beteiligten wissen, was gemeint und zu erwarten ist. Im letzten der drei Zitate wird über eine Methode gesprochen, die einem der Akteur*innen noch unbekannt war. Der schon mit der Methode Vertraute machte *das Tool* seinem Kollegen bekannt, indem er es ihm einmal exemplarisch vorführte. Er sprach nicht abstrakt darüber, was bei dieser Methode getan wird, sondern simulierte ihre Durchführung, indem er sie am Flipchart anhand eines fiktiven Beispiels einmal durchging (vgl. Notiz 01.06.15). Methoden werden im Design Thinking nicht in der Logik der Wissenschaft eingesetzt, in der es um Erkenntnisgewinn, Reflexion und auch um Methodenentwicklung geht. Beim Design Thinking sind sie Mittel zum Zweck. Eine Praktikerin hat ein praktisches Problem, das sie lösen möchte. Dazu verwendet sie Werkzeuge. Die Methoden stehen im Design Thinking fest. Sie sind gegossen, bedürfen keiner Reflexion mehr und werden im Prozess nicht verändert oder weiterentwickelt.

Zur Vorbereitung ihrer Workshops fertigten die Akteur*innen immer Zeitpläne an, die jeweils primär vorgaben, welche Methoden in welcher Reihenfolge durchgeführt werden sollten. Als ich zu Beginn meiner Feldforschung – noch auf der Suche nach methodologischem Wissen – an einer solchen Vorbereitung teilnahm, sagte einer der Akteur*innen: »*User Journey* erklären wir ihnen [den Teilnehmer*innen, T.S.] dann; *Qualitative Interviews*, da gibt's nicht viel zu erklären« (Notiz 09.06.15). Dies verwunderte mich. Weshalb erachtete er die qualitativen Interviews als weniger erklärungsbedürftig als eine Methode namens *User Journey*? Ich fragte ihn, worin er den Unterschied zwischen diesen Methoden sehe, und hoffte, so mehr über sein Methodenverständnis zu erfahren. Meine Nachfrage bewegte ihn jedoch nicht zu einer Darlegung der Unterschiede zwischen den von ihm angesprochenen Methoden. Stattdessen verwies er mich auf die Methodenkarten der Agentur:

»Sag mal Paul, dass er dir die Methodenkarten geben soll. Da steht alles Relevante drin.« (Ebd.)

Mit den Methodenkarten hatte ich den Ort gefunden, an dem sich das Wissen befand, dessen Abwesenheit in der verbalen Interaktion der Akteur*innen mich so erstaunt hatte. In den Karten war nicht nur das Wissen über die Methoden gespeichert, sie *waren* vielmehr die Methoden – die Akteur*innen unterschieden zwischen dem einen und dem anderen nicht. Das Methodenkartenset der Agentur besteht aus 25 verschiedenen Methoden, die jeweils spezifischen Phasen des Design Thinking zugeordnet sind. Jede dieser Methoden wird auf zwei Seiten in einer Weise dargestellt, die sich am ehesten mit Rezeptvorgaben eines Kochbuchs vergleichen lässt. Auf der ersten Seite findet sich jeweils eine kurze Beschreibung der Methode, die Rubriken »Hilfreich für:« und »Was man benötigt:«, in denen der Anwendungsbereich, die benötigten Materialien und die Durchführungsdauer angegeben sind, sowie eine graphische Darstellung der Methode, in der die auf die Stellwand zu übertragende Struktur skizziert ist. Als ich im zweiten Kapitel beschrieben habe, wie die Akteurin die Struktur der *Empathy Map* auf die Stellwand übertrug, zeichnete sie die graphische Darstellung von der Methodenkarte einfach ab. Auf der zweiten Seite der Methodenbeschreibung ist unter den Überschriften »Vorbereitung« und »Durchführung« jeweils Schritt für Schritt beschrieben, wie vorgegangen werden soll. Diese Anleitungen gehen sehr ins Detail, sodass beispielsweise vorgegeben wird, was in welche Zeile oder Rubrik auf der Stellwand notiert werden soll. Mit einer solchen Anleitung ausgestattet, können die Akteur*innen unmittelbar mit ihrer Arbeit beginnen. Ihr Beitrag beschränkt sich dann auf das *Ausfüllen* der durch die Methodenkarte vorgegebenen Rubriken oder Strukturen.

So wie bei Kochrezepten lediglich die Zutaten in den vorgegebenen Mengen nach den vorgegebenen Verfahren miteinander verarbeitet werden müssen, geht es in den Methodenkarten darum, den vorgesehenen Ablauf mit Ideen oder *Insights* zu beleben. Und eine weitere Gemeinsamkeit zu Kochrezepten sticht ins Auge: Im Alltagssprachgebrauch ist es durchaus üblich zu sagen, dass ein Rezept schmeckt, obwohl dabei offensichtlich das zubereitete Gericht gemeint ist. Zwischen Rezept und Speise wird also nicht unterschieden – das Rezept ist das Gericht. Genauso wird im Design Thinking kein Unterschied zwischen den Methodenkarten, den Methoden oder ihrem jeweiligen Endprodukt gemacht. Eine *Empathy Map* ist das Resultat der Methode *Empathy Map* und wenn ich mehr darüber wissen möchte, soll ich in die Methodenkarten schauen, weil dort alles Relevante drinsteht. Im Laufe der Zeit verlieren die Methodenkarten in gewisser Weise ihre Wichtigkeit. So wie man ein Rezept nach und nach auswendig lernt, wenn man es wiederholt (nach-)kocht, so prägt sich auch für die Akteur*innen die Durchführung der Methode nach und nach ein. Dementsprechend müssen sich erfahrene Design Thinkers nicht mehr auf die Methodenkarten stützen, weil sie deren Vorgaben internalisiert haben.

Durch die Methodenkarten wird Design Thinking möglich. Sie leiten den Prozess an und geben vor, auf welche Weise die Klebezettel, die Design Thinkers und die Stellwände zum Einsatz kommen. Die Methoden können benutzt werden, ohne dass im Detail verstanden und nachvollzogen werden muss, was dabei genau geschieht. Dies ist der Grund für die Abwesenheit theoretischer Überlegungen, die mich anfangs verwundert hatte. Ich hatte am falschen Ort gesucht. Ich hatte ein theoretisch-methodologisches Wissen in den Köpfen der Akteur*innen vermutet und darauf gehofft, es würde sich verbalisiert zeigen. Stattdessen war es die ganze Zeit in den Methodenkarten materialisiert. Durch ihre Verwendung sind die Akteur*innen vom Anspruch entlastet, das für die Durchführung der Methoden nötige Wissen zu wissen. Sie können sich von den Methoden führen lassen, sich ganz dem Prozess hingeben und *einfach tun*. Somit lässt sich ein Phänomen beobachten, das im Hinblick auf Laborwissenschaften gut beschrieben ist und von Latour und Woolgar im Anschluss an Bachelard (1953) als »reification« (Latour und Woolgar 1986: 66; 127; 238), also als Vergegenständlichung, bezeichnet wurde. Bei den in Labors vorgefundenen Apparaten und Instrumenten handelt es sich um vergegenständlichte Theorien. Diese Apparate können genutzt und bedient werden, ohne mit dem darin vergegenständlichen Wissen vertraut zu sein. Auch Luhmann (1972: 256) machte auf dieses Phänomen aufmerksam, äußerte jedoch Zweifel, ob derselbe Prozess in den Sozialwissenschaften möglich ist: »Das Technische sehen wir [...] im Grad der Entlastung vom bewußten Vollzug sinnhafter Verweisungen auf andere Möglichkeiten. Solche Entlastungen können die Naturwissenschaften nahezu vollkommen beschaffen: Die Bedienung der nach ihren Rezepten angefertigten Apparate setzt keine Kenntnis der zugrunde liegenden Theorien und vor allem keine Verwendung dieser Theorien als Selektionsprämisse voraus. Die Sozialwissenschaften leisten diese Entlastung typisch nicht.« Was Luhmann 1972 noch für einen untypischen Fall erklärte, ist im Design Thinking eingetreten: Durch die Bedienung von Apparaten – und als solche sind die Methodenkarten zu interpretieren – führen die Akteur*innen eine Art von qualitativer Sozialforschung durch und sind hierbei von der Kenntnis der zugrunde liegenden Theorien entbunden.

Ich habe oben darauf hingewiesen, dass es bei häufigerer Verwendung der Methodenkarten nicht mehr nötig erscheint, diese als Vorlage zu verwenden. Der Komplexitätsgrad der auf die Stellwände zu übertragenden Strukturen ist in der Regel so überschaubar, dass die Akteur*innen nach kurzer Zeit in der Lage sind, die Methoden durchzuführen, ohne die Methodenkarten zurate zu ziehen. Unter Vergegenständlichung der Methoden sollte also nicht zwingend verstanden werden, dass sie durch die Methodenkarten zu Materie werden. Selbst wenn die Methodenkarten nicht mehr verwendet werden, sind die Methoden materialisiert. Latour und Woolgar (1986: 66) warnen vor einer Gegenüberstellung der materiellen und begrifflichen Aspekte der Laboraktivität und entsprechend macht es keinen Unterschied, ob die Methoden auf Karten gedruckt oder in ähnlich sedimentierter und gegossener Form aus dem Gedächtnis herangezogen werden. Entscheidend ist der Umstand, dass sie keiner Reflexion mehr bedürfen und einfach benutzt werden können.

Mit der Vergegenständlichung von Theorien ist also primär ihre Fixierung gemeint. Sie werden als abgeschlossene und nicht mehr veränderbare Werkzeuge vom Methodendiskurs der Sozialwissenschaften abgetrennt. Hierin liegt die Erklärung für einen Punkt, den Lucy Kimbell, selbst Dozentin für Design Thinking an der Said Business School in Oxford, an dem Konzept kritisiert. »On the one hand, designers are positioned as key interpreters of what end users ›need‹. They are expected to do this by using ethnographically-inspired techniques that help them understand the user's perspectives and situated actions. On the other hand, in practice this process shows little of the reflectivity of the social science traditions« (Kimbell 2011: 294; vgl. auch Ladner 2009). Weil Methoden einfach als Apparate benutzt werden, stellt sich der von Kimbell monierte Mangel an Reflexivität ein. Das zur Reflexion nötige Wissen ist in den Methoden materialisiert und bewegt sich dementsprechend nicht mehr. Doch welchen Zweck erfüllen die Methoden, wenn sie lediglich angewandt werden müssen und damit das für qualitative Methoden so zentrale Erkenntnismoment der Reflexivität obsolet wird? Ich habe im ersten Kapitel herausgearbeitet, wie die zeitliche und soziale Sinndimension gegenüber der sachlichen Sinndimension privilegiert werden und die genauen Inhalte dementsprechend zweitrangig sind. Somit lässt sich argumentieren, dass die Methoden hier nicht primär zur Wissensgenerierung verwendet werden. Ihre zentrale Leistung scheint es vielmehr zu sein, die für das Konzept charakteristische Form Kollaboration heterogener Akteur*innen zu ermöglichen. Durch die Methode sind klare Schritte vorgegeben, die von dem Team lediglich gegangen werden müssen. Auf diese Weise können die Beteiligten völlig unabhängig vom jeweiligen fachlichen Hintergrund, gemeinsam die Methode durchführen.

Wenn sich Design Thinking in der Bedienung von Apparaten erschöpft, indem vorgegebene Kategorien mit Klebezetteln gefüllt werden, stellt sich legitimerweise die Frage, wer hier eigentlich welche Arbeit erledigt. Die Praxis Design Thinking entsteht nur durch das Zusammenspiel menschlicher und nicht-menschlicher Akteur*innen, die Latour gleichermaßen als Aktanten bezeichnet. Diese Form der symmetrischen Betrachtung ist eines seiner Hauptverdienste, weil so deutlich wird, dass »Handeln […] nicht einfach ein Vermögen von Menschen, sondern von einer Verbindung von Aktanten [ist]« (Latour 2006c: 290).

## Automatisierte Workshops

Die Handlungsmacht der Methodenkarten wird auch von den Akteur*innen im Feld als außerordentlich groß eingeschätzt. Während meiner Feldphase erlebte die Agentur eine Phase großer Expansion, in der die Akteur*innen immer wieder sehr visionär potentielle Entwicklungsmöglichkeiten ihrer Agentur diskutierten. Eine besonders ambitionierte Vorstellung davon, in welche Richtung sich die Agentur in Zukunft entwickeln könnte, bestand aus der Idee, die Design Thinking-Ausbildung und -Anleitung zu automatisieren:

Henning spricht von seiner Vision ein Online-Tool zu programmieren, über das sich Firmen in Zukunft selbst Workshops generieren können, die genau auf ihre Wünsche abgestimmt sind. Die Kunden sollen angeben können, ob sie eher inkrementelle oder disruptive Innovationen in ihrem Unternehmen wünschen, woraufhin ihnen jeweils der passende Workshop angeboten wird. Das langfristige Ziel wäre dann die Entwicklung eines Workshop-Generators, der nach und nach selbst dazulernt. »Wir bauen das so auf, dass die Leute immer wieder kommen, weil sie ihre Workshops bei uns buchen. Die Formeln werden immer besser werden, weil sie immer mehr dazulernen.« So soll in Zukunft immer der perfekte Workshop angeboten werden können, der genau an die Wünsche und Bedürfnisse der Kund*innen angepasst ist. Der Workshopgenerator kreiert den Workshop und stellt die jeweils benötigten Materialien automatisch bereit, sodass die Kund*innen nur noch die entsprechenden Methodenkarten abarbeiten müssen. Durch die Materialien soll dann genau vorgegeben sein, welches Aufwärmspiel gespielt und welche Methode durchgeführt werden soll. Die Idee fasziniert alle Anwesenden, nur ich bin irritiert, weil es anscheinend nicht als nötig erachtet wird, die Workshops im aktuell praktizierten Modus, nämlich unter Anleitung von Coaches der Agentur, durchzuführen. Henning: »Klar, es wäre schon gut, wenn die Leute in den Firmen am Anfang einen Einführungsworkshop mit uns machen, um Design Thinking kennenzulernen. Danach sollte es aber eigentlich ausreichen, wenn wir ihnen das Material schicken.« (Notiz 10.06.15)

Der Reiz dieser Idee liegt auf der Hand: Die Akteur*innen hätten ein skalierbares Geschäftsmodell entwickelt, durch das die ganze Welt mit Design Thinking-Methoden beliefert werden könnte. Für mich war es erstaunlich, wie groß die Akteur*innen das Handlungspotential ihrer Methoden einschätzten und sich damit als orthodoxere Latourianer zu erkennen gaben, als ich es in dieser Situation sein konnte. Unabhängig von den Erfolgsaussichten eines solchen Unterfangens ist damit ein Punkt nochmals verdeutlicht: Die Rolle der Personen im Design Thinking scheint sich, durchaus auch in der Wahrnehmung der Akteur*innen, auf die Exekution der Methoden zu beschränken. Eingebunden in die Struktur des Design Thinking liefern sie gleichsam den kreativen Treibstoff für das Konzept und bringen es damit zum Laufen. Ohne Motor ist jedoch auch der Treibstoff obsolet und es sind die nicht-menschlichen Akteur*innen, die als Methodenkarten und Stoppuhr den Prozess anleiten. Damit ist eine gelungene Arbeitsteilung zwischen Menschen und Nicht-Menschen etabliert. Die Nicht-Menschen stellen eine Struktur bereit, übernehmen alle *unangenehmen* Tätigkeiten wie Zeitvorgaben, Strukturierung der Inhalte, etc., während die Menschen sich ganz ihrer Neugier und ihrem Spieltrieb hingeben und ihrer *Kreativität und Empathie* freien Lauf lassen können. Somit ist ein Arbeitsprozess geschaffen, der sich dadurch auszeichnet, dass er sich für die Beteiligten nicht wie Arbeit anfühlt – Design Thinking ist designte Arbeit. Die Akteur*innen werden in die Position versetzt, sich spielerisch entfalten, Menschen helfen und *nebenbei* noch Geld verdienen zu können. Vor diesem Hintergrund lässt sich das Versprechen der Nutzernähe als Motivationsquelle interpretieren, aus der die Beteiligten schöpfen können, um ihre Arbeit als positiven Beitrag zu gesellschaftlichen Veränderungen zu deuten.

## II.7 THEORETISCHES ZWISCHENFAZIT II

Im ersten theoretischen Zwischenfazit stellte ich dar, wie eine an Bourdieu angelehnte Perspektive dort an ihre Grenzen stößt, wo sie versucht, die Selbstbeschreibungen der Akteur*innen adäquat zu betrachten. Wurde ich diesem Anspruch im zweiten Kapitel gerecht, wo ich Design Thinking vor allem anhand seiner spezifischen Materialität, seiner Inskriptionstechnologien und den zur Anwendung gebrachten Methoden beschrieb? Die Selbstbeschreibungen spielten in dieser Argumentation durchaus eine Rolle, jedoch tendenziell als Kontrastfolie, die ich brauchte, um meine eigene Beschreibung zu entwickeln. Ich legte Widersprüche in den Selbstbeschreibungen offen und stellte dar, an welchen Stellen sie auf Mystik bauen und die Praxis eher verschleiern als erleuchten. So kam ich nach und nach zu einer alternativen Beschreibung des Phänomens, in der die Selbstbeschreibungen erneut keinen Platz fanden. Im Design Thinking, so meine These, findet keine Aufladung von Produkten und Dienstleistungen mit der geheimnisvollen Energie Nutzernähe statt, sondern es werden Produktideen und die dazugehörigen Nutzer*innen gleichermaßen konstruiert – mitsamt ihrer spezifischen Probleme. Zudem argumentierte ich, dass die Methoden im Design Thinking nicht primär zu einem Erkenntnisgewinn beitragen, sondern vor allem dazu dienen, eine bestimmte Form der Kollaboration zu ermöglichen. Eine solche Beschreibung ist für die Akteur*innen im Feld schwer zu akzeptieren, weil das Selbstverständnis der Problemlösungskompetenz darin unterminiert wird. Ich bin somit wieder bei einer konkurrierenden Beschreibung der Praxis angekommen, die sich – stärker noch als die Ergebnisse des ersten Kapitels – in Opposition zu den Selbstbeschreibungen begibt.

Die Soziologie der Übersetzung hat sich besonders in ihrer wissenschaftsethnographischen Frühphase massiv gegen die damals gängigen Beschreibungen der Wissenschaft positioniert. Sie war von Beginn an ein Projekt, das mit dem Anspruch auftrat, eine bessere und zutreffendere Beschreibung wissenschaftlicher Praxis abzuliefern, indem die bis dato für sämtliche Erklärungen grundlegende Trennung von Sozialem und Nicht-Sozialem infrage gestellt wurde. Dabei setzte sich Latour am deutlichsten von denjenigen Beschreibungen der Wissenschaft ab, die dem Realismus verpflichtet waren: »Wenn wir die Praktiken, mit denen Informationen über einen Sachverhalt erzeugt werden, im Detail untersuchen, dürften sich die meisten philosophischen Diskussionen über den Realismus als unrealistisch erweisen« (Latour 2002b: 36). Diese Aussage lässt keinen Zweifel an Latours Intention. Seine Hinwendung zur Praxis, seine *empirische Epistemologie* (vgl. ebd.: 38) soll »die alte Übereinkunft« (ebd.: 95) ersetzen, nach der Wissenschaft ein Abbild der Realität erzeugt.[16] Dieser Sichtweise wirft er eine »Verwechslung von Kunstgeschichte und Epistemologie« (ebd.: 94)

16 Ob Latour nun der Praxistheorie oder dem Pragmatismus zugerechnet werden sollte, ist eine nicht vollständig geklärte Frage. So wird er einerseits häufig als Kronzeuge für die materiellen Aspekte sozialer Praktiken herangezogen (vgl. Reckwitz 2003; Schmidt 2012; Hillebrandt 2014) und somit zum Praxistheoretiker gemacht. Auch seine oben zitierte Betonung von Praktiken lässt ihn als solchen erscheinen. Andererseits wird er als Vertreter des Französischen Neopragmatismus angeführt (vgl. Bogusz 2009: 198; Schäfer 2012: 19). Ich denke, dass diese Uneindeutigkeit symptomatisch ist für die insgesamt noch nicht abgeschlossene Kartographierung des Feldes zwischen Praxistheorie und Pragmatismus (vgl. Bogusz 2009; Schäfer 2012; Volbers 2015).

vor: »Man hat die Wissenschaft für ein realistisches Gemälde gehalten und sich eingebildet, man würde exakt die Welt kopieren. Die Wissenschaft tut etwas ganz anderes, die Bilder allerdings auch. Sie verbinden uns über sukzessive Schritte mit der Welt, die ihrerseits ausgerichtet, transformiert und konstruiert ist.« (Ebd: 94-95) Dies ist die Beschreibung von *method assemblage* in Latours Worten; und es bleibt indessen kein Zweifel, was er von der erkenntnistheoretischen Position des Realismus hält.

Latours Vorteil ist es nun, eine Theorie zu bekämpfen, die nicht primär von den praktizierenden Wissenschaftler*innen generiert wird, mit denen er sich bedingungslos solidarisieren kann. Es sind beispielsweise nicht die Beschreibungen seiner »Freunde, der Pedologen« (ebd.: 94), gegen die er ins Feld zieht, sondern disziplinär verankerte Reflexionstheorien des Wissenschaftssystems. Auf diese Weise nimmt er – so radikal seine Gedanken damals auch sein mochten – an einem akademischen erkenntnistheoretischen Diskurs teil, in dem es gängige Praxis ist, andere Positionen zu kritisieren. Meine Situation ist eine andere, weil ich meine Beschreibungen primär in Abgrenzung zu den Selbstbeschreibungen der Akteur*innen präsentiere. Auch wenn diese implizit eine spezifische epistemologische Position vertreten, wäre es vermessen mit dem Anspruch aufzutreten, dass zwischen ihnen und mir eine Debatte über die erkenntnistheoretischen Grundlagen des Design Thinking stattfinden sollte. *Man hat sich im Design Thinking eingebildet, man würde die Welt exakt in Produkten abbilden, ich aber sage Euch, dass es nicht so ist…* Mit diesem Anspruch würde ich mich in große Nähe zu Bourdieus soziologischem Aufklärer setzen – mitsamt seiner »Attitüden des Besserwissens« (Luhmann 1991: 148).[17]

17 Von diesem Verständnis setzt sich Latour deutlich ab, wenn er beispielsweise 1991 von der »Krise der Kritik« (vgl. Latour 2008: 13-16) spricht und sich von der Kritik als Privileg von Soziolog*innen, die mit überlegenen Wissen ausgestattet sind, lossagt (vgl. Guggenheim und Potthast 2012: 169). In der Frühphase seines Werkes, auf das ich hier primär Bezug nehme, setzt er dieser Konzeption ein eigenes Verständnis von Kritik als

Mein Zögern, es bei der Gegenüberstellung von Selbst- und Fremdbeschreibungen zu belassen, stammt zunächst aus der Erfahrung des teilnehmenden Beobachters. Wie ich in Kapitel I.5 dargelegt habe, ist Empathie zwar als Erkenntnisinstrument fragwürdig, jedoch hilft sie dabei zu erkennen, dass es nicht angebracht wäre, mit meinen Erkenntnissen zurück ins Feld zu galoppieren, um den Akteur*innen die Wahrheit über ihr eigenes Tun zu verkünden. In der methodologischen Literatur wird durchweg das subjektive Gefühl eines Bruchs oder eines Verrats an den Akteur*innen diskutiert (vgl. Emerson et al. 1995: 19), wenn man sich durch die eigene Beschreibung von ihnen entfremdet oder emanzipiert (vgl. Hirschauer 2001: 435-436). Dieses Gefühl des Verrats bringt beispielsweise Bennet M. Berger auf den Punkt, als er sich nach der Ethnographie einer amerikanischen Hippie-Kommune,

---

»konstruktivistischer Beschreibung« (Guggenheim und Potthast 2012: 159) entgegen. Durch die Überwindung der Unterscheidung von Sozialem und Nicht-Sozialem, von »Natur/Kultur« (Latour 2008: 14) versucht er den Fallstricken der Naturalisierung, Sozialisierung und Dekonstruktion zu entgehen und ihnen einen relativistischen Ansatz entgegenzustellen, der die kontingenten Entstehungsbedingungen dessen verdeutlicht, was als wahr oder selbstverständlich erachtet wird (vgl. Guggenheim und Potthast 2012: 169). Gut 20 Jahre später blickt er auf dieses Vorhaben zurück und zieht ein ernüchtertes Fazit. Angesichts der Übernahme seiner Argumente von Skeptikern des Klimawandels, attestiert er nun ein »Elend der Kritik« (Latour 2007) und bezieht seinen eigenen Beitrag explizit mit ein. Gewissermaßen ratlos stellt er fest, dass »gefährliche Extremisten sich auf eben dieses Argument der sozialen Konstruktion berufen, um mühsam gewonnene Beweise, die unser Leben retten könnten, zu vernichten« (ebd.: 11). Die Waffen der Kritik, so stellt er also fest, sind in falsche Hände gefallen. Lässt sich hier nicht die Sehnsucht nach einer Zeit erkennen, in der die Kritik noch in den richtigen (soziologischen) Händen war? Es scheint für Latour nach dieser Erfahrung schwer zu sein, sich in der von ihm gewohnten Deutlichkeit von Bourdieu, den er hier einen »herausragenden Soziologen« (ebd.: 14) nennt, abzugrenzen.

für deren Prinzipien und Weltanschauung er durchaus Sympathie hegte, die Frage stellt, wie er Widersprüche zwischen den Selbstbeschreibungen der Akteur*innen und ihrem alltäglichen Verhalten thematisieren soll: »[W]hen groups are caught in contradictions between the ideas they profess to believe and their day-to-day behaviour, is their hurried ideological repair work best understood in an ironic, contemptuous, and cynical manner?« (Berger 2004: 168). Meiner Ansicht nach beruht das hier moralisch gerahmte Problem des drohenden Verrats an den Akteur*innen auf einem spezifischen Verständnis von Theorie und Praxis. Widersprüche zwischen dem Denken und Handeln von Akteur*innen erkennen zu können, setzt erstens voraus, dass man ihr Denken und Handeln – ihre Theorie und Praxis – als voneinander völlig getrennte Sphären auffasst und verlangt zweitens, dass man die Theorie einzig und allein mit dem Anspruch der wie auch immer gearteten Übereinstimmung mit ihrer Praxis konfrontiert. In diesem Insistieren auf einer fundamentale Differenz zwischen Theorie und Praxis sieht Volbers (2015) eine große Schwäche der Praxistheorie. Er kritisiert, dass nicht nur die Differenz »*zweier* Praktiken, nämlich der Praxis der Wissenschaftlerin und der Praxis, über die sie forscht« (ebd.: 196; vgl. auch Bongaerts 2007), betont werde, sondern dass zudem die Gefahr bestehe, diese Differenz in vorauseilendem Gehorsam als »*epistemologische* Differenz von Theorie und Empirie« (Volbers 2015: 196) misszuverstehen. Die *Praxis* gilt dann als empirischer Gegenstand und wird als »epistemisch fundamentale Kategorie verstanden« (ebd.: 196), die objektiv vorgibt, was die *Theorie* – nur noch als »Zerrbild oder Abbild« (ebd.: 206) konzipiert – zu machen hat. Auf ähnliche Weise kritisiert auch Boltanski das Praxisverständnis seines Lehrers Bourdieu, dem er vorwirft Praxis vorwiegend als Gegensatz zur Scholastik zu konstruieren (vgl. Boltanski 2010: 104). In meinen Augen liegen in diesem Missverständnis die Probleme begründet, die ich im bisherigen Verlauf der Arbeit damit hatte, die Selbstbeschreibungen zu berücksichtigen. Sie finden als praxiseigene Theorie keinen Platz und fallen durch die Fokussierung auf die Praktiken aus dem Fokus. Dadurch verschwinden sie jedoch nicht und werden spätestens dann problematisch, wenn ihnen Fremdbeschreibungen zur Seite gestellt sind. Ist die Logik der Praxis einmal rekonstruiert, bleibt unklar, wie mit den Selbstbeschreibungen umgegangen werden soll – so zumindest die Erfahrung nach meinem praxeologischen Experiment.

Die in der Praxistheorie vorgenommene Beobachtung der Praxis ist also im Luhmann'schen Sinne eine Beobachtung als Einheit der Operationen Unterscheiden und Bezeichnen (vgl. Luhmann 1990: 81-87). Es wird eine Unterscheidung zwischen Theorie und Praxis getroffen und eine Seite dieser Unterscheidung – die Praxis – bezeichnet. Theorie – und auch wenn es sich um die Theorie der Akteur*innen handelt – gerät so aus dem Blick. Wenn ich die Selbstbeschreibungen also adäquat mit abbilden möchte, empfiehlt es sich, mit einem Theorieprogramm fortzufahren, das dafür plädiert, statt auf ihrem Gegensatz zu beharren, die »Trennung von Theorie und Praxis nicht hinzunehmen« (Volbers 2015: 195). Denn es ist ja gerade der »Zusammenhang von Denken, Sprechen und Handeln« (Bogusz 2013: 312) der hier betont werden soll. Auf diese Weise ist es obsolet, die Praxis Design Thinking und die Selbstbeschreibungen im Design Thinking voneinander zu trennen, wie ich es bisher getan habe. In der Fokussierung auf die Praxis waren die Selbstbeschreibungen für mich immer nur Ergänzungen zu meinen Beobachtungen der Praxis. Wenn ich sie nutzte, ging es mir um eine Rekonstruktion des impliziten Sinns und ich neigte dazu, sie nur auf den Tisch zu legen, um sie vom Tisch fegen zu können. Ich behandelte sie implizit als defizitäre Beschreibungen der Praxis, ohne systematisch danach zu fragen, welche Rolle sie für die Akteur*innen erfüllen. Als was lassen sich die Selbstbeschreibungen also verstehen, wenn man einmal davon ausgeht, dass es sich nicht um falsche Beschreibungen der Praxis handelt? Wenn Menschen über ihr Handeln sprechen, tun sie dies nicht zwangsläufig, um möglichst genaue Beschreibungen anzufertigen, sondern auch weil ihr Handeln unter Rechtfertigungsdruck steht. »Wie kann eine Gesellschaftswissenschaft überhaupt beanspruchen, vernünftige Ergebnisse zu produzieren, wenn sie eine fundamentale Eigenschaft ihres Gegenstandes bewusst ignoriert und den Umstand unter den Tisch fallen lässt, dass Menschen genötigt sind, ihren

Interaktionspartnern gegenüber unter Anführung konkreter Belege über ihre Handlungen Rechenschaft abzulegen?« (Boltanski und Thévenot 2007: 61). Mit diesem Einwand ist der Weg für das letzte Kapitel eingeschlagen. Statt die Selbstbeschreibungen und Praktiken gegeneinander auszuspielen, werden sie als Praxis/Diskurs-Formationen mit immanenten Widersprüchen (vgl. Reckwitz 2008: 207) sichtbar gemacht. Ich begreife die Selbstbeschreibungen hier als Teil von Rechtfertigungslogiken, die sich auch in die Praktiken einschreiben. In den Selbstbeschreibungen lässt sich demnach ablesen, wie die Akteur*innen ihre Handlungen begründen und ihnen Sinn geben. Ich stütze mich hier zentral auf die These Luc Boltanskis und Ève Chiapellos (2003) vom neuen Geist des Kapitalismus.

# III Design Thinking und der neue Geist des Kapitalismus

»The sooty clouds of smoke that once darkened the skies over Manchester and Birmingham have changed the climate of the planet. The torrent of cheap goods that began to flow from their factories and workshops has fed into a culture of excess consumption and prodigious waste. The industrialization of agriculture has left us vulnerable to natural and man-made catastrophes. The innovative breakthroughs of the past have become the routine procedures of today as businesses in Shenzhen and Bangalore tap into the same management theories as those in Silicon Valley and Detroit face the same downward spiral of commoditization.« (Brown 2009: 2)

Auch wenn es so wirken könnte, dies ist keine Textstelle aus einem Werk der kritischen Theorie oder der Umweltbewegung. Diese Zeilen sind weder in den 1960er, noch in den 1980er Jahren, sondern 2009 publiziert. Die hier wiederhallende Kritik an der Industrialisierung, Umweltzerstörung, Konsumgesellschaft und Kommodifizierung – häufig als Kapitalismuskritik zusammengefasst – stammt aus Tim Browns *Change by Design* und bildet den dramaturgischen Hintergrund, vor dem Design Thinking eingeführt und als Antwort präsentiert wird.

»What we need are new choices – new products that balance the needs of individuals and of society as a whole; new ideas that tackle the global challenges of health, poverty, and education; new strategies that result in differences that matter and a sense of purpose that engages everyone affected by them. [...] What we need is an approach to innovation that is powerful, effective, and broadly accessible, that can be integrated into all aspects of business and society, and that individuals and teams can use to generate breakthrough ideas that are implemented and that therefore have an impact. Design Thinking [...] offers just such an approach.« (Brown 2009: 2-3)

Design Thinking als Lösung der Probleme des Kapitalismus – im Grunde waren es Selbstbeschreibungen dieser Art, die mein Interesse am Thema geweckt und die mich zum Schreiben dieser Studie veranlasst haben. Sie waren auch der Grund, mich zunächst für eine praxistheoretische Perspektive zu entscheiden, um vor Ort zu sehen, was genau *in Wirklichkeit* im Design Thinking passiert. Nur auf diese Weise – so meine Vermutung – könnte ich das Phänomen inklusive seiner Selbstbeschreibungen verstehen. Doch zeigten sich im Verlauf der ersten beiden Kapitel auch die Beschränkungen einer praxistheoretischen Perspektive, weil darin die Selbstbeschreibungen tendenziell vernachlässigt werden. Wenn man nun jedoch danach fragt, wie die Selbstbeschreibungen in ihrer auffälligen Form zustande kommen, anstatt ihre Unglaubwürdigkeit zu monieren, lässt sich Design Thinking klarer als Phänomen der Gegenwart verstehen.

Dass Kritik, die ihren Ursprung in Protestbewegungen hat und ursprünglich explizit antikapitalistisch formuliert war, Eingang in Wirtschaftskontexte findet, ist die zentrale These von Luc Boltanskis und Ève Chiapellos (2003) Werk *Der neue Geist des Kapitalismus*. Das Phänomen der Endogenisierung, Verinnerlichung oder Einverleibung (vgl. Bogusz 2010: 95-125) von Kritik, für das die eben genannten Textpassagen deutliche Beispiele sind, unterstreicht die Wandelbarkeit der Rechtfertigungsstrukturen des Kapitalismus. Die Autor*innen gehen von der Grundannahme aus, dass der Kapitalismus auf außerökonomische Quellen der Legitimation angewiesen ist, um ein Engagement für ihn zu rechtfertigen und als wünschenswert erscheinen zu lassen. Als per se amoralischer Prozess (vgl. Boltanski und Chiapello

2001: 262), als »unter vielen Gesichtspunkten [...] absurdes System« (ebd.: 462) unbegrenzter Kapitalakkumulation, bedarf es einer »*Ideologie, [...] die das Engagement für den Kapitalismus rechtfertigt*« (Boltanski und Chiapello 2003: 43; Herv. i.O.) und den Beteiligten die Möglichkeit bietet, ihren »Handlungen einen ›Sinn‹ geben zu können, [...] der die einzige Idee, den Profit zu steigern, übersteigt« (Boltanski und Chiapello 2001: 462). Diese Ideologie bezeichnen die Autor*innen in Anschluss an Max Weber (1904) als Geist des Kapitalismus.

Ein Teil des kapitalistischen Geistes besteht aus Argumenten, die in erster Linie durch die ökonomische Theorie geprägt sind und eine »stabile Grundlage« (Boltanski und Chiapello 2001: 462) der Rechtfertigung des Kapitalismus liefern, indem sie den Fortschritt, die Effizienz und die individuellen und politischen Freiheiten innerhalb des Kapitalismus betonen. Diese Argumente sind den Autor*innen zufolge jedoch zu statisch und zu allgemein, »um gewöhnliche Menschen in konkreten Lebensumständen und insbesondere unter den Bedingungen des Arbeitslebens zur Mitwirkung zu bewegen und um ihnen die argumentativen Mittel an die Hand zu geben, mit denen sie konkreten Vorhaltungen, die ihnen möglicherweise persönlich gemacht werden, standhalten könnten« (Boltanski und Chiapello 2003: 51). Deshalb bedarf es anderer Formen der Rechtfertigung, die den Geist des Kapitalismus so konkretisieren, »dass er die Personen anspricht« (Boltanski und Chiapello 2001: 462) und drei grundlegende Dimensionen adressiert. Erstens den »aufregenden Aspekt«, der über die Profitmaximierung hinaus Enthusiasmus hervorruft; zweitens den »Sicherheitsaspekt«, der eine vor allem materielle Absicherung garantiert; und drittens den »Gerechtigkeitsaspekt«, der die Teilnahme am kapitalistischen Unternehmen im Sinne eines Gemeinwohls legimitiert (vgl. ebd.: 463). Der Geist des Kapitalismus ermöglicht und beschränkt die Dynamik des Kapitalismus zugleich. Er ermöglicht sie, weil er Kräfte mobilisiert und das Engagement für ihn rechtfertigt; er beschränkt sie, indem er einen Bereich illegitimer Akkumulation abgrenzt: »nicht jeder Profit [ist] legitim, nicht jede Bereicherung gerecht und nicht jede Akkumulation – sei sie noch so wichtig und schnell – zulässig« (ebd.). So wird deutlich, dass der Geist des Kapitalismus historischen Veränderungen unterworfen ist, die neben organisatorischen und technologischen Möglichkeiten vor allem durch die Kritik induziert sind, »die dem Kapitalismus entgegengebracht wird, und die ihn dazu zwingt, sich zu rechtfertigen und sich als wünschbar darzustellen« (Boltanski und Chiapello 2001: 463). Aspekte, die am Kapitalismus kritisiert wurden – wie oben gesehen: Umweltzerstörung, Kommodifizierung etc. – finden so Eingang in den kapitalistischen Geist. Ironischerweise ist der Kapitalismus somit »auf seine Gegner angewiesen [...], um die moralische Stütze zu finden und Gerechtigkeitsstrukturen in sich aufzunehmen, deren Relevanz er sonst nicht einmal erkennen würde« (Boltanski und Chiapello 2003: 68).

## Ein neuer Geist

Für die Zeit zwischen den 1960er und den 1990er Jahren diagnostizieren Boltanski und Chiapello das Aufkommen eines neuen Geistes des Kapitalismus, der zentrale Forderungen der im Zuge der 1968er Bewegung geäußerten Kritik in sich aufgenommen hat und mit einer grundsätzlichen Veränderung der Arbeitsorganisation und Personalführung einherging. Zur Beschreibung dieser Veränderungen konstruieren sie ein Modell normativen Wandels, mit dessen Hilfe sie die Veränderungen der Rechtfertigungsordnungen beschreiben. In der vorliegenden Studie ist es mir nicht möglich, Wandlungsprozesse zu betrachten. Der Zugriff auf den Gegenstand durch teilnehmende Beobachtung ermöglicht als solcher keine Vergleiche über größere Zeiträume hinweg. Mir ist es jedoch möglich, Design Thinking als Phänomen des neuen Geistes des Kapitalismus zu interpretieren, indem ich beschreibe, wie sich bestimmte Kritikformen einerseits in den Selbstbeschreibungen auffinden lassen und wie sie sich andererseits auch in bestimmte Praktiken eingeschrieben haben. Boltanski und Chiapello betonen, dass sich Veränderungen von Rechtfertigungsordnungen sowohl auf der Mikro- als auch auf der Makroebene beobachten lassen (vgl. ebd.: 74). In konkreten Situationen, insbesondere in jenen der Herausforderung, der Prüfung oder des Konflikts, lässt sich beobachten, wie die Akteur*innen auf spezifische Rechtfertigungsordnungen Bezug nehmen, um ihre Position zu legitimieren (vgl. Bogusz 2010: 47-48). Auf diese Weise lässt sich der Zusammenhang von Praxis und Theorie, von den Praktiken und ihren Selbstbeschreibungen, neu verstehen. Er muss nicht mehr als Gegensatz interpretiert werden. Stattdessen kann gefragt werden, wie in Selbstbeschreibungen und wie in den Praktiken Bezug auf Rechtfertigungsordnungen genommen wird.

## III.1 NUTZERNÄHE ALS AUTHENTIZITÄTSVERSPRECHEN

Eine vor allem in der 1960er Jahren gediehene Kritik am Kapitalismus beklagt einen Verlust von Authentizität, der als Uniformierung, Vermassung oder Differenzabbau zwischen Objekten und zwischen Menschen thematisiert wird. Weil die in Massenproduktion gefertigten Objekte einander bis ins letzte Detail gleichen und weil zudem »jedes einzelne Erzeugnis [...] auf genau dieselbe Weise bedient werden [muss], wenn es funktionieren soll« (Boltanski und Chiapello 2003: 473), kommt es auch zu einer zunehmenden Standardisierung der Nutzer*innen. Diese Kritik an der Vermassung und Uniformierung der Menschen, die einen Authentizitätsverlust beklagt, ist typisch für die späten Schriften der von Adorno, Horkheimer und Marcuse vertretenen Kritischen Theorie. Herbert Marcuses (1976) Studie *der Eindimensionale Mensch* ist ein exemplarischer Fall für diese Form der Kritik. Dort thematisiert Marcuse Vermassung als »ökonomisch-technische Gleichschaltung, die sich in der Manipulation von Bedürfnissen [...] geltend macht« (ebd.: 23). Dem freien Bewusstsein, das seine eigenen Wünsche kennt, steht der durch Massenkonsum und Komfort verdummte und uniformierte Mensch der spätindustriellen Zivilisation gegenüber (vgl. Boltanski und Chiapello 2003: 476). Marcuse unterscheidet zwischen wahren Bedürfnissen und solchen die manipuliert und damit falsch sind (vgl. Marcuse 1976: 25): »Die wirksamste und zäheste Form des Kampfes gegen die Befreiung besteht darin, den Menschen materielle und geistige Bedürfnisse einzuimpfen, welche die veralteten Formen des Kampfes ums Dasein verewigen« (Marcuse 1976: 24).

Vermassung der Menschen, Vermassung der Objekte und die Unterscheidung zwischen wahren und falschen Bedürfnissen – es ist frappierend, mit welcher Übereinstimmung diese Motive in den Selbstbeschreibungen des Design Thinking wieder auftauchen. »The oppressive uniformity of so many products on the market today« (Brown 2009: 20) wird ebenso beklagt, wie die passive Rolle der Konsument*innen: »[W]e are no longer content to be passive consumers at the far end of the industrial economy« (ebd.: 177). Aufbauend auf dieser Problemdiagnose wird das Narrativ eines Epochenwandels gesponnen, innerhalb dessen dem Design Thinking die Rolle zufällt, durch die Adressierung wahrer Bedürfnisse Veränderungen einzuleiten.

»[T]here is a dawning recognition among manufacturers, consumers, and everyone in between that we are entering an era of limits; the cycle of mass production and mindless consumption that defined the industrial age is no longer sustainable.« (Ebd.: 178)

»[T]he emphasis on fundamental human needs – as distinct from fleeting or artificially manipulated desires – is what drives design thinking to depart from the status quo.« (Ebd.: 19)

Vor diesem Hintergrund wird deutlich, welche Bedeutung dem Konzept der Nutzernähe in der Logik des Design Thinking zukommt und wie wichtig Marcuses Unterscheidung wahrer und falscher Bedürfnisse zu sein scheint. Durch die Herstellung nutzernaher Produkte und Dienstleistungen – »unique and meaningful products« (ebd.: 6) – sollen wahre Bedürfnisse der Nutzer*innen befriedigt und die Exzesse der Massenproduktion überwunden werden. Nur im Kontext dieser Unterscheidung lassen sich dann auch die Praktiken der Herstellung von Nutzernähe nachvollziehen. Die in Kapitel II.2 beschriebene Konstruktion der Persona Heike wäre nicht intelligibel, wenn keine ideologische Vorarbeit geleistet wäre, die die Adressierung wahrer Bedürfnisse zu einem legitimen und nachvollziehbaren Unterfangen macht. Design

Thinking lässt sich so als Antwort des Kapitalismus auf die Authentizitätskritik verstehen und es wird deutlich, dass sich hier andere Konsequenzen ableiten, als sie von der Kritischen Theorie nahegelegt werden. »Die Unternehmer, die auf eine Forderung der Kritik stoßen, suchen nach Produkten und Dienstleistungen, die sich verkaufen lassen und mit denen die Kritik zufrieden gestellt werden kann« (Boltanski und Chiapello 2003: 476-477). Design Thinking ist somit das Resultat einer Endogenisierung von Kritik, das die Adressierung *wahrer* Bedürfnisse zu seiner Aufgabe macht, zudem aber auch in Aussicht stellt, gegenüber konventionellen Produkten einen Wettbewerbsvorteil zu erlangen. Dem »nachdrücklichen Wunsch nach Differenzierung und Entmassung« (ebd.: 476) wird im Design Thinking mit einer »Ökonomisierung der Differenz« (ebd.) nachgekommen. Es werden Produkte und Dienstleistungen geschaffen, deren *Andersartigkeit* als Verkaufsargument gelten soll. Zudem wird Design Thinking selbst als Dienstleistung verkauft und stellt als solche Kritik zufrieden – unabhängig von den hervorgebrachten Produkten (siehe Kapitel III.2).

Die »Antwort des Kapitalismus auf die Authentizitätsbestrebungen« (ebd.: 478) erklären Boltanski und Chiapello bereits 1999 als »zum Scheitern verurteilt« (ebd.). Im Anspruch der Bereitstellung authentischer Güter erkennen sie eine unauflösbare Paradoxie: »Obwohl [die Güter] streng warenwirtschaftlich vertrieben werden, müssen sie, um Aufmerksamkeit zu erregen, so dargestellt werden, dass sie auf eine ursprüngliche Beziehung verweisen, die vor der Vermarktung durch den Handel liegt; auf eine Beziehung, in der der Käufer dem Handwerker, der selbst produziert und seine Produkte vertreibt, noch auf einem Marktplatz persönlich begegnete. [...] Während sich ein handwerklich gefertigtes Objekt relativ leicht von einem Massenprodukt [...] unterscheiden [lässt], kann man ungleich schwerer erkennen, ob ein Gegenstand, ein Ereignis, ein Gefühl einer Lebensspontaneität entspringt oder das Ergebnis eines geplanten Prozesses zur Umwandlung eines ›authentischen‹ Gutes in eine Ware ist« (ebd.: 482). Authentizität ist vor dem Hintergrund dieses Arguments ein für Design Thinking grundsätzlich nicht zu erreichender Zustand, »solange die Bezeichnung

›authentisch‹ auf etwas Unkalkuliertes und Unbeabsichtigtes verweist, das nicht der Warenwelt angehört« (Boltanski und Chiapello 2003: 483). Nicht nur das Paradox der seriellen Einzigartigkeit (Bröckling 2007: 174), sondern auch jenes der kalkulierten Authentizität konfrontiert Design Thinking mit nicht einzulösenden Ansprüchen. Wie ich in Kapitel II.5 beschrieben habe, stellen solche Paradoxien auch die Akteur*innen im Feld immer wieder vor Probleme, die durch einen dogmatischen Glauben an das Konzept zu bewältigen versucht werden.

So wie die Authentizitätskritik in den Selbstbeschreibungen des Konzepts wiederhallt, und dort zu Widersprüchen führt, findet sie sich auch im argumentativen Repertoire der Akteur*innen im Feld wieder, wo sie beispielsweise mit dem eigenen unternehmerischen Handeln konfligiert.

Ich komme gerade in der Agentur an, als Jan mich freudig begrüßt und fragt ob ich nicht mit aufs Melt-Festival fahren möge. Von Seiten der Veranstalter*innen des Festivals bestehe das Angebot, dass die Agentur dort einen Container mietet, den sie mit ihrem eigenem Branding versehen könnte. Man müsse nur die Miete für den Container aufbringen, dafür wären dann die Tickets für Mitglieder der Agentur, inklusive Backstage-Pass, kostenlos. Ich zögere. Erst gestern habe ich mich mit einer Freundin über dieses Festival unterhalten und wir waren uns einig, es dieses Jahr nicht reizvoll zu finden. Ich setze gerade dazu an, zu einer Begründung auszuholen, als Jan mir ins Wort fällt: »Ja, ist schon nicht so geil das Festival; ist halt so kommerziell. Aber hey, ein Container mit unserem Branding wäre doch der Hammer!« (Notiz 09.07.15)

Im selben Atemzug die Kommerzialisierung eines Festivals zu beklagen und die Aussicht an jener Kommerzialisierung teilzuhaben als reizvoll zu erachten ist ein nur schwer aufzulösender Widerspruch, den ich als symptomatisch erachte für das Feld, in dem ich Design Thinking kennenlernte. Bestimmte Formen der Kritik scheinen sich dort als implizites Wissen etabliert zu haben, ohne dass sie mit einem unternehmerischen Kalkül offen konfligieren, welches eine Ausweitung der Markenpräsenz auf einem Festival unbedingt nahelegt. Wenn Boltanski und Chiapello von der Endogenisierung der Kritik in den Kapitalismus sprechen, beschreiben sie einen abstrakten Prozess, der sich in dieser Sequenz konkret verwirklicht zeigt. In der Art der Verwendung dieser Kritik meine ich eine ähnliche Form der Materialisierung zu beobachten, wie ich sie schon in Bezug auf die zur Anwendung kommenden Methoden beschrieben habe. So wie die Methoden einer Reflexion nicht mehr zugänglich sind und lediglich im instrumentellen Sinne *angewandt* werden, scheint mir auch die geäußerte Kritik auf seltsame Weise ihrem kritischen Ursprungsdiskurs enthoben zu sein. Die Klage an der Kommerzialisierung des Festivals scheint aufgeführt zu werden, weil sie zum guten Ton gehört, ohne dass ihr hierbei größere Bedeutung zugemessen wird. Foucault (1971: 320) sagte einmal über den Marxismus, dass dieser im Denken des neunzehnten Jahrhunderts »wie ein Fisch im Wasser« ruhe, überall sonst aber aufhöre zu atmen. Mir scheint als haben die hier sichtbar gewordenen Relikte Kritischer Theorie ein ähnliches Schicksal erfahren: Am Strand der Gegenwart[1] existieren sie nur noch als Fossilien fort.

## III.2 DESIGN THINKING ALS EMANZIPIERTE ARBEITSFORM

Neben der oben beschriebenen Kritik an der Massenproduktion und -konsumption, die vor allem einen Mangel an Authentizität beklagte und sich in starkem Maße auf die Warenwelt bezog, geriet in den 1960er Jahren auch die Funktionsweise von Unternehmen selbst ins Visier der Protestbewegung (vgl. Boltanski und Chiapello 2003: 215). Hier äußerte sich eine massive Kritik an der Macht der Vorgesetzten, an Paternalismus, Autoritarismus, aufgezwungenen Arbeitszeiten, vorgegebenen Arbeitsbereichen, der tayloristischen Trennung zwischen Konzeption und Ausführung und ganz allgemein an der Arbeitsteilung.

1 Diese Formulierung entnehme ich Philipp Felschs (2015: 140) *Der lange Sommer der Theorie*.

Insgesamt wurde also ein Mangel an Autonomie, Kreativität und Entfaltungsmöglichkeiten beklagt, dem »Forderungen nach Eigenverantwortlichkeit und Selbstverwaltung und das Versprechen einer grenzenlosen Freisetzung der menschlichen Kreativität« (Boltanski und Chiapello 2003: 217) entgegengesetzt wurden. In der zweiten Hälfte des 20. Jahrhunderts – so Boltanski und Chiapello – wurden diesen Forderungen zunehmend im Wirtschaftsleben Beachtung geschenkt. Der kapitalistische Geist des ausgehenden 20. und beginnenden 21. Jahrhunderts zeigt so einen Weg auf, »wie man sich durch eine Beteiligung am Kapitalismus selbst verwirklichen und gegenüber dem Kapitalismus und seinen repressiven Aspekten in den älteren Formationen emanzipieren kann« (ebd.: 462). Selbstverwirklichung und Emanzipation – diese beiden *Zugeständnisse* des neuen Geistes des Kapitalismus sind fester Bestandteil des kritischen Repertoires des Design Thinking, das sich nicht nur als Innovationsmethode, sondern auch in starkem Maße als Arbeitsweise bzw. als *Mindset* präsentiert:

> »Design Thinking ist mittlerweile mehr als nur ein kreativer Prozess. Was ursprünglich als Innovationsmethode für Produkte und Services in Stanford entwickelt wurde, avanciert heute zu einer ganz neuen Art, den Menschen in Bezug zur Arbeit zu sehen, das Konzept der Arbeit zu denken und zu fragen, wie wir im 21. Jahrhundert leben, lernen und arbeiten wollen. Die Strahlkraft von Design Thinking besteht darin, neue und überraschende Formen der kreativen Zusammenarbeit zu ermöglichen. Wir-Intelligenz ist das neue Schlagwort, Kollaboration wird die Grundlage für ein neues Arbeitsbewusstsein.« (HPI School of Design Thinking 2015d)

Was hier als ein neues Verhältnis zur Arbeit und als neue Form der Kollaboration thematisiert wird, zeigt sich auch in den Praktiken. Die Endogenisierung von Kritik ist dementsprechend kein Prozess, der sich nur auf semantischer Ebene vollzieht und sich beispielsweise in der von Boltanski und Chiapello untersuchten Managementliteratur niederschlägt. Er lässt sich auch in den Praktiken erkennen, in denen sich die Kritik auf eine spezifische Weise niedergeschlagen hat. In meiner Betrachtung der Temporalität und Materialität des Design Thinking wurde deutlich, dass es sich dabei um einen Prozess handelt, der im Hinblick auf die Organisation der Arbeit in zweifacher Hinsicht eine strukturierende Wirkung entfaltet. Erstens aktiviert er die Beteiligten und ermöglicht zweitens eine möglichst reibungsfreie Form der Kollaboration. Die Temporalität des Design Thinking zeichnet sich durch ihr spezifisches Wechselspiel aus Aktivitäts- und Ruhephasen aus, die jeweils dann zu Ende gehen, wenn die im Vorfeld festgelegte Zeit abgelaufen ist. Die Stoppuhr gibt Anfang und Ende der Phasen vor und es liegt nicht im Ermessen der Akteur*innen die Arbeitsphasen zu beenden, indem sie ein Ergebnis unter Berücksichtigung der sachlichen Sinndimension für *fertig* befinden. In den hochintensiven Phasen der Aktivität ist voller Einsatz der Individuen verlangt, der durch die spezifische Architektur der Methoden so kanalisiert wird, dass er sich in der Hervorbringung neuer Ideen ergießt und Phasen des Zögerns konsequent vermieden werden. Dies zeigt sich in besonderer Weise, wenn die Materialität der Praktiken mitberücksichtigt wird. Eine durch die Methode vorgegebene Struktur muss von den Design Thinkers nur noch mit Klebezetteln gefüllt werden. So ist eine Arbeitsteilung zwischen menschlichen und nicht-menschlichen Akteur*innen etabliert, in der den nicht-menschlichen Akteur*innen die Rolle der Strukturierung und Gliederung der Inhalte zukommt, und für die Design Thinkers die Forderung einer »grenzenlosen Freisetzung der menschlichen Kreativität« (Boltanski und Chiapello 2003: 217) auf den ersten Blick verwirklicht zu sein scheint. Sie werden als kreative Subjekte adressiert und sind auf eine solche Weise in den Prozess eingebunden, dass sie sich vollkommen auf die Hervorbringung neuer Ideen und die Entfaltung ihres kreativen Potentials fokussieren können. Die Freilegung dieses Potentials und die Selbsterkenntnis der Studierenden als kreative Subjekte ist ein zentrales Ziel der Design Thinking-Ausbildung an der d.school:

»So what they [the students, T.S.] gain here after twelve weeks is creative confidence. They gain creative confidence in their personality. They know that, even if they are studying business or law, they are creative people.«
(HPI School of Design Thinking 2013: 4:45min)

Diese Aussage ist eher als Präskription denn als Deskription zu verstehen, denn für die Individuen ist im Design Thinking nur die Rolle der Kreativen vorgesehen. Als abwägende, zögernde oder urteilende Individuen ist für sie kein Platz. Ihre Ideen werden zunächst ausdrücklich nicht auf Realisierbarkeit getestet – »Defer Judgement!« – und sind durch das Arbeiten unter Zeitdruck und die Anweisung möglichst viele Ideen hervorzubringen – »Go for Quantity!« – mit dem Status der Vorläufigkeit versehen. Den Individuen ist so die Möglichkeit einer spezifisch gerahmten Selbstentfaltung eingeräumt, während sie gleichzeitig in doppelter Hinsicht in eine feste Struktur eingebunden sind: Erstens gibt ihnen die zeitliche Taktung per Start- und Stoppsignal vor, wann genau ihr kreatives Potential Entfaltung finden soll. Kreatives Handeln wird somit nicht als Möglichkeit oder Recht präsentiert, sondern von den Akteur*innen zum gegebenen Zeitpunkt verlangt. Zweitens ist der jeweilige Rahmen, innerhalb dessen möglichst kreative und abwegige Ideen hervorgebracht werden sollen, durch die Methoden und das Ziel der Hervorbringung von Produkten und Dienstleistungen vorgegeben. »Kreativität soll einerseits mobilisiert und freigesetzt werden, andererseits soll sie reglementiert und gezügelt, auf die Lösung bestimmter Probleme gerichtet, von anderen aber ferngehalten werden« (Bröckling 2007: 153). Statt der geforderten grenzenlosen Freisetzung von Kreativität scheint sich im Design Thinking also eher eine Domestizierung der Kreativität innerhalb von Kreativitätsreservaten etabliert zu haben. Die Individuen werden durch den Prozess aktiviert; die Forderung nach Selbstverwirklichung ist als Selbstverwirklichung nach Schema F realisiert.

Auf eine ähnlich ambivalente Weise ist im Design Thinking auch die Forderung nach Emanzipation berücksichtigt. Die Individuen sind keiner formalen Hierarchie unterworfen und ihnen werden Freiheiten eingeräumt, die in alten Unternehmenskontexten nicht vorstellbar wären. Während zahlreichen Workshops konnte ich beobachten, wie sich die Mitglieder der Agentur mit Mitarbeiter*innen großer Unternehmen über Unterschiede im jeweiligen Arbeitsalltag unterhielten und beispielsweise die Frage nach Dresscodes zur Sprache kam. Während die Mitarbeiter eines Versicherungsunternehmens während des Mittagessens einmal laut darüber klagten, immer eine Krawatte tragen zu müssen, merkte ein Mitglied der Agentur an, dass es am liebsten »in kurzer Hose und barfuß« (Notiz 18.06.15) arbeite. Alter und neuer Geist des Kapitalismus traten in solchen Situationen in Dialog. Vor allem an der d.school erlebte ich immer wieder, wie die Studierenden die spezifischen Freiräume ausloten, die ihnen Design Thinking bereitstellt. Eines Nachmittags zeigte sich mir eine Szene, die sich vor allem vor dem Hintergrund eines Emanzipationsversprechens deuten lässt:

Ich sitze etwas am Rande des Geschehens auf einem Sitzsack und fertige Notizen an. Es ist Nachmittag und der Arbeitstag neigt sich langsam seinem Ende zu. Während einige Gruppen noch in ihre Arbeit vertieft sind, haben andere schon aufgehört. Der Geräuschpegel im Raum ist recht gedämpft und es dringen vor allem konzentriert wirkende Unterhaltungen der noch aktiven Arbeitsgruppen zu mir. Plötzlich betritt ein Student, aus dem Flur kommend, den Raum.

Er ist mit einem weißen Laborkittel bekleidet und bewegt sich in Richtung eines Teams, dessen Mitglieder ich hinter der Stellwand nur etwa bis zur Höhe der Oberschenkel sehen kann. Der im Laborkittel bekleidete gesellt sich ca. einen Meter abseits stehend zu den anderen, die durch seine Anwesenheit ihren Arbeitsprozess für mich nicht wahrnehmbar verändern. Ihre Standpositionen ändern sich kaum, weiterhin nehme ich ein nicht unterbrochenes Gemurmel wahr. Ca. 10 Sekunden nachdem er sich zu dem Team gesellt hat, beginnt der Neuankömmling mit einer Art Stepptanz. Es erklingt keine Musik im Raum, ich sehe jedoch wie er seine Beine im Stil eines irischen Volkstanzes bewegt, auf seinen Fußballen auf- und abspringt und abwechselnd den linken und rechten Fuß zur Seite wirft. Dieser Tanz findet in mehreren ca. 10 sekündigen Sequenzen statt, die von kurzem Innehalten unterbrochen werden. Zwischen den

Tanzsequenzen bewegt sich der Tanzende nicht. Eine Person des Teams dreht sich ihm irgendwann zu. Daraufhin finden noch zwei Tanzsequenzen statt, ehe der Tanzende wieder aus dem Teambereich verschwindet und sich vor mir an einem der freien Stehtische positioniert. Er klappt den dort stehenden Laptop auf, schließt Kopfhörer an und setzt sich einen der Ohrstöpsel ins linke Ohr. Mit beiden Händen auf der Tastatur und leicht nach links geneigtem Kopf verweilt er dort und wippt im Takt der für mich nicht hörbaren Musik in der Art eines DJ.
Nach einem kurzen Moment gesellt sich ein anderer Student zu ihm. Er ist mit kurzen Hosen und T-Shirt bekleidet und trägt, wie viele der hier Anwesenden, keine Schuhe. Die beiden Stehtische sind ca. einen halben Meter voneinander entfernt. Dazwischen positioniert sich der neu Hinzugekommene, stützt sich mit den Händen auf je einem der Tische ab und beginnt damit, seine zur Brust gezogenen Beine abwechselnd auf den einen und den anderen Tisch zu pendeln. Wie sein Kommilitone beim Stepptanz, hält auch er immer wieder kurz in der Bewegung inne. Während diesen Pausen, in denen seine Beine jeweils kurz auf einem der Tische ruhen, blickt er zu einer von mir aus rechten Gruppen und fokussiert einzelne Personen. Seinen Mund formt er währenddessen so, als würde er Affengeräusche imitieren, ohne jedoch Laute von sich zu geben, sodass seine Darstellung Pantomime bleibt. Das Pendeln und das Fixieren einzelner Personen wiederholt er noch einige Male, ehe er sich wieder auf den Boden stellt und sich von den Tischen entfernt. (Notiz 04.06.15)

Die beiden Studierenden machen in dieser Sequenz Gebrauch von den Freiheiten, die ihnen Design Thinking einräumt. Sich verkleiden, tanzen, Musik hören oder auf Tische springen sind Verhaltensweisen, die in anderen Arbeits- oder Bildungskontexten nur schwer vorstellbar wären. Design Thinking findet jedoch in einem Setting statt, in dem die Akteur*innen keinen formellen Hierarchien unterstehen oder von Autoritätspersonen überwacht werden; und so unternehmen sie erste nonkonformistische Gehversuche und sondieren die Möglichkeiten, die ihnen im Design Thinking zur Selbstentfaltung gegeben sind. In der Mitte des Raumes stehend, sind die beiden Akteur*innen lediglich der Beobachtung ihrer Peers ausgesetzt, der sie sich durch kurze Unterbrechungen ihres Schauspiels immer wieder selbst vergewissern. So kommt es zu Blickkontakten zwischen *noch in die Arbeit vertieften* und den *schon spielenden* Personen, die jedoch meist von nur kurzer Dauer sind, weil die noch Arbeitenden sich dem Schauspiel abwenden, in ihre Arbeit vertieft bleiben und den beiden Akteur*innen keine weitere Beachtung schenken. Diese nehmen wiederum Rücksicht auf die Arbeitenden, indem sie ihre Handlungen geräuschlos vollziehen und so, trotz ihrer Selbstentfaltung, niemanden stören. Derartige nonkonformistisch anmutende Verhaltensweisen gehören an der d.school zum Alltag und sind fester Bestandteil des Design Thinking, wo sie stets auch gezielt – etwa bei gemeinsamen Aufwärmspielen – hervorgebracht werden. Auf diese Weise finden sich dann beispielsweise auch Mitarbeiter*innen aus traditionellen Unternehmen zu einem Klatschspiel gegenüberstehend wieder, bei dem sie immer schneller werdend einander auf verschiedene Weisen in die Hände klatschen und sich auf diese Weise die Hierarchiestrukturen förmlich aus dem Körper schütteln (vgl. Notiz. 16.06.15). So werden sie auf Design Thinking vorbereitet.

Dort sind Hierarchien zwischen den Personen nämlich formell nicht vorgesehen. Design Thinking findet als Kollaboration gleichberechtigter Individuen in Teams statt. »Wir-Intelligenz ist das neue Schlagwort, Kollaboration wird die Grundlage für ein neues Arbeitsbewusstsein« (HPI School of Design Thinking 2015d). Im spezifischen Rhythmus aus Aktivitäts- und Ruhephasen werden die Individuen synchronisiert und verbinden sich zu einem Wir, zu einem pulsierenden Organismus, der im Zusammenspiel aller Individuen Ideen produziert. Bis auf die Ebene ihrer einzelnen Handlungen werden die Individuen koordiniert, indem durch die Methoden und ihre Handlungsgrammatiken jeweils vorgegeben ist, wer was wann tut. Dieses Prinzip lässt sich am Beispiel einer Brainstormingmethode näher beschreiben, die sich auch im Methodenbooklet der Agentur befindet:

Bei der 6-5-3-Methode zeichnet jedes Mitglied der Gruppe auf ein Blatt Papier eine Tabelle mit drei Spalten und einer Anzahl von Zeilen, die der Anzahl der

Gruppenmitglieder entspricht. Dann beginnt die erste Runde, während der jedes Mitglied die erste Zeile mit drei Ideen zur vorab formulierten Brainstormingfrage füllt. Nach fünf Minuten ertönt das Piepgeräusch und alle Mitglieder geben ihr Blatt reihum nach rechts weiter. Nun wiederholt sich das Verfahren und es wird die zweite Zeile beschrieben, wobei die schon notierten Ideen als Inspiration für die folgenden dienen sollen. Vier weitere Runden gehen auf diese Weise vonstatten, bis alle Mitglieder wieder ihr ursprüngliches Blatt zurückbekommen, das nun in jeder Zeile mit drei Ideen beschrieben ist. (Notiz 16.06.15)

Der Aufbau dieser Methode gewährt ein reibungsloses Ineinandergreifen der Handlungen der einzelnen Akteur*innen. Sie werden in ihren Handlungen synchronisiert und dem Imperativ der Hervorbringung von genau drei Ideen pro Runde unterworfen. Wird diese Aufgabe nicht erfüllt, gerät der vorgesehene Ablauf der Methode ins Stocken, weil das jeweils nächste Teammitglied nicht auf den geäußerten Ideen aufbauen kann. Das Design-Thinking Gebot »Build on the ideas of others« ist hier durch die Architektur der Methode verwirklicht. Die Individuen fügen sich den Handlungsgrammatiken und füllen ihre Felder aus. Hierarchieunterschiede zwischen den Gruppenmitgliedern sind durch diese Methode konsequent aufgelöst, weil es keiner Vorgesetzten mehr bedarf, um den Ablauf der Methode zu gewährleisten. Eine Arbeitsverweigerung Einzelner würde hier zum (teilweisen) Scheitern der gesamten Methode führen, was als ein unfaires Verhalten den anderen Gruppenmitgliedern gegenüber gelten und vom gesamten Team sanktioniert würde. Die Abwesenheit formaler Hierarchiestrukturen führt somit nicht zwangsläufig zur Autonomie der einzelnen Gruppenmitglieder, sondern wird durch eine stärkere Selbstkontrolle und Sichtbarkeit gegenüber den anderen Gruppenmitgliedern ersetzt, die die Überwachung der Einzelnen im Prinzip lückenloser macht (vgl. Foucault 1976: 251-292). Füllen hingegen alle Teilnehmer*innen wie vorgesehen ihre Felder aus, gelingt die Methode und es werden Inhalte generiert, die nicht als individuelle Einfälle, sondern als gemeinschaftlich hervorgebrachte Ideen gelten können, weil durch die Weitergabe der Blätter die individuelle Autor*innenschaft konsequent verwischt wird.

Die Individuen werden von der Methode zur Kollaboration angeleitet und erleben so, was »Wir-Intelligenz« bedeutet. In der Ausbildung an der d.school ist neben der Entdeckung des kreativen Potentials vor allem auch die Erziehung zu Teamplayer*innen ein erklärtes Ziel:

»Unsere Studenten, wenn die bei uns ankommen, sind in der Regel nicht teamfähig. Die sind zwar schon 24 Jahre alt, 25 Jahre alt und man denkt, die sind in einem Bildungssystem, haben die sich entwickelt, was sie auf die Welt vorbereitet. Aber die Welt besteht offensichtlich aus lauter Egomanen, denn darauf werden die vorbereitet, dass sie super gut, mit freundlichem Lächeln, unterm Tisch dem anderen ins Knie schießen können, aber nicht miteinander zusammenarbeiten können. Dafür sind die einfach nicht trainiert. Wir glauben, da läuft was falsch. Wir bereiten die Leute vor für eine iGesellschaft. Wir rennen alle rum mit den iPhones und iPads und benutzen alle iTunes und sind dann irgendwann mal i-solated. Es wird uns ja vorgegaukelt, dass das das Richtige ist [...]. Wir bewegen uns jetzt in einer Welt, von der wir denken dass sie komplett vernetzt ist. Ist sie auch – die Maschinen sind alle vernetzt, die quatschen miteinander. Aber wir haben zunehmend verloren, miteinander, als Menschen uns zu vernetzen. Und wir denken das ist ok [...]. Nein ist es nicht, weil die Maschinen immer viel dämlicher sind als wir.« (Weinberg 2012: 8:37min)

Die hier im vollen Pathos einer Abkehr vom Egoismus formulierte Betonung der Wichtigkeit von Teamfähigkeit erlangt durch die darin erfolgende Gegenüberstellung von Menschen und Maschinen in gewisser Hinsicht eine ironische Note, weil im Design Thinking gerade die nicht-menschlichen Akteur*innen Teamarbeit ermöglichen. Die Einlösung des Emanzipationsversprechens als Abschaffung expliziter Hierarchien ist somit neben der Verlagerung von Kontrolle in die Individuen selbst durch eine Auslagerung von Kontrollfunktionen an nichtmenschliche Akteur*innen gewährleistet.

Aktivierung der Subjekte als Selbstverwirklichung, kollaboratives Arbeiten als Emanzipation – diese beiden Aspekte machen Design Thinking als Kind des neuen Geistes des Kapitalismus begreifbar, weil sie sich als Resonanz auf bestimmte, im Zuge der 1960er Jahre formulierte Kritikformen interpretieren lassen. Jedoch wird auch deutlich, dass die ursprünglichen Forderungen nach Selbstverwirklichung und Emanzipation nur punktuell verwirklicht sind. Den Individuen wird die Möglichkeit zur kreativen Entfaltung nur innerhalb eines bestimmten Rahmens zugesprochen. Sie haben *sowohl* mehr *als auch* weniger Möglichkeiten zur kreativen Entfaltung, weil sie einerseits vollkommen abwegige und absurde Ideen äußern dürfen, dies aber andererseits von ihnen zu einem gegebenen Zeitpunkt verlangt wird und der Entfaltungsspielraum, innerhalb dessen sie ihre Ideen vorbringen müssen, vorgegeben ist. Kreativität wird im Bereich der Inhalte von ihnen verlangt, ist jedoch in Fragen der Selbstorganisation, der Prozessstrukturierung oder der Beurteilung ihres Tuns nicht vorgesehen. Ganz ähnlich ist die Forderung nach Emanzipation auf eine Weise berücksichtigt, die einen Freiheitsgewinn bietet und gleichzeitig neue Unterdrückungsformen schafft. Die Individuen sind im Design Thinking weniger unterworfen, weil sie von formellen Hierarchien befreit sind, unterstehen aber einer intensivierten gegenseitigen Beobachtung und Selbstkontrolle. Zudem sind sie in eine zeitliche Struktur und in Handlungsgrammatiken eingebunden, die ihr Verhalten teilweise rigider steuern, als es im Taylorismus der Fall war.

Dort wurden die Körper in ihren Bewegungen dem Rhythmus der Maschine angepasst und so selbst zum Teil der Maschine. Die Arbeitsaufgaben wurden in Einzelschritte zerlegt, die extrem detailliert beschrieben, in ihrem zeitlichen Aufwand bestimmt und als »one best way« (Kanigel 1997) vorgegeben wurden. So wurde die Planung der Körperbewegungen den Verwaltungsorganen übertragen und die möglichst korrekte Ausführung dieser Bewegungen war Aufgabe der Arbeiter*innen. »Arbeit und Verantwortung verteilen sich fast gleichmäßig auf Leitung und Arbeiter. Die Leitung nimmt alle Arbeit, für die sie sich besser eignet als der Arbeiter, auf ihre Schulter, während bisher fast die ganze Arbeit und der größte Teil der Verantwortung auf die Arbeiter gewälzt wurde.« (Taylor 1922: 39) Design Thinking weitet den Zugriff vom Körper auf die Gedanken aus. Die Denkbewegungen der Individuen werden als Klebezettel in Einzelschritte zerlegt, thematisch in Bahnen gelenkt und dem Rhythmus des Verfahrens angepasst. Die einzelnen in den Prozess eingebundenen Personen werden in ihren Denkbewegungen synchronisiert und verbinden sich so zur Menschen-Maschine, die vom Individuum statt durch Körperbewegungen durch Empathie und Kreativität in Gang gehalten wird. Als Resultat gewerkschaftlichen Widerstandes gegen den Taylorismus wurde in US-amerikanischen staatlichen Fabriken der Einsatz von Stoppuhren von 1912 bis 1948 verboten, weil sie als sein Symbol galten (vgl. Merkle 1980: 29). 100 Jahre später sind die Stoppuhren zurück – nun jedoch als Symbol eines Arbeitsprozesses der Befreiung und Emanzipation verspricht.

Boltanski und Chiapello sprechen angesichts des Zugeständnisses neuer Freiheiten und dem gleichzeitigen Aufkommen neuer Unterdrückungsformen davon, dass die Dynamik des kapitalistischen Geistes auf Rückgewinnungsschleifen beruhe: »Der Kapitalismus bindet Akteure an sich, die sich bewusst werden, dass sie bisher unterdrückt worden waren. Er bietet ihnen eine Emanzipation auf einem bestimmten Gebiet, hinter der sich allerdings neue Unterdrückungsformen verbergen. Insofern lässt sich sagen, dass der Kapitalismus durch neue Kontrollmodalitäten die zugestandene Autonomie zurückgewinnt« (Boltanski und Chiapello 2003: 456). Durchkämmt man die Selbstbeschreibungen hinsichtlich dieses Aspekts, so wird man auch fündig:

»There is an important lesson here about the challenges of shifting from a culture of hierarchy and efficiency to one of risk taking and exploration. Those who navigate this transition successfully are likely to become more deeply engaged, more highly motivated, and more wildly productive than they have ever been before. They will show up early and stay late because of the enormous satisfaction they get from giving form to new ideas and putting them out into the world. Once they have experienced this feeling, few people will be willing to give it up.« (Brown 2009: 30)

Emanzipation ist hier nicht als Befreiung von Zwängen konzipiert. Sie erscheint im gouvernementalen Gewand als Freiheit, sich selbst auszubeuten. Keine Befreiung von, sondern eine Befreiung in der Arbeit wird durch Design Thinking in Aussicht gestellt. Die Individuen werden mehr und effizienter arbeiten – und sie werden es freiwillig tun.

# Schluss

Das allgemeine Ausgangsproblem dieser Studie war die Dualität von Selbstbeschreibungen und Praktiken. Die Frage nach ihrem Verhältnis hatte sich mir angesichts der auffälligen Selbstbeschreibungen des Design Thinking gestellt, denen ich misstraute und die zunächst meine Hinwendung zu den Praktiken bedingten. Durch eine Praxeologisierung des Phänomens wollte ich in einem ersten Impuls die Selbstbeschreibungen auf ihre Gültigkeit prüfen. Damit unterstellte ich implizit, dass Selbstbeschreibungen wahr sein müssen und eine, wie auch immer geartete, Übereinstimmung mit den Praktiken aufweisen müssen (vgl. Volbers 2015: 206). So folgte ich der Tendenz, Praktiken und Diskurse gegeneinander auszuspielen (vgl. Reckwitz 2008). Ich konnte zwar in den ersten beiden Kapiteln durch die Betrachtung der Temporalität und der Materialität des Design Thinking wichtige Erkenntnisse über das Konzept generieren, meinen Anspruch einer symmetrischen Betrachtung der Praktiken und Selbstbeschreibungen löste ich jedoch nicht ein. Stets blieben die Selbstbeschreibungen als sperriges Residuum zurück, mit dem ich nicht anders umzugehen wusste als ihm zu widersprechen. Aber sollte das mein Ziel sein? Erst als ich in meiner theoretischen Suchbewegung von der Trennung zwischen Praktiken und Diskursen abgewichen war und sie im dritten Kapitel in pragmatistischer Perspektive als zusammenhängend betrachtete, konnte ich das Phänomen Design Thinking in seinen praktischen und diskursiven Ausprägungen als Erscheinung des neuen Geistes des Kapitalismus kontextualisieren. Ich prüfte die Selbstbeschreibungen nun nicht mehr daraufhin, ob sie jene Ebene der Praktiken kongruent abbilden, die ich zunächst als *realere* von beiden angesehen hatte, sondern ich fragte danach, in welchem Kontext die Entstehung dieser Praktiken und dieser Selbstbeschreibungen nachvollziehbar ist. Der offenen Frage ›Was leistet Design Thinking?‹ folgend, zeichnete ich auf diese Weise in drei Schritten ein Bild des Konzepts, in dem seine handlungsleitende und subjektivierende gegenüber einer epistemischen und auf Erkenntnis zielenden Funktion an Bedeutung gewinnt. Der Prozess selbst schien durchweg zentraler zu sein als sein Output. Design Thinking – so mein Résumée – trägt eher zur Etablierung einer spezifischen Arbeitskultur bei, als dass es außergewöhnliche Produkte und Dienstleistungen generiert, die aus dem Konzept der Nutzernähe ihre Überlegenheit ableiten. Somit bedient es Forderungen nach Authentizität und Autonomie gleichermaßen und fügt sich nahtlos in die ideologischen Strukturen des neuen Geistes des Kapitalismus ein. In dieser Passung – und nicht in der Überlegenheit seiner Produkte und Dienstleistungen – liegt das Erfolgsgeheimnis des Design Thinking. Wie komme ich zu dieser Einschätzung?

Den Selbstbeschreibungen folgend, lässt sich zunächst der gewünschte Output des Design Thinking-Prozesses – nutzernahe Produkte und Dienstleistungen – in den Blick nehmen. Was Design Thinking leisten soll, ist die Generierung von Produktideen, die sich dadurch auszeichnen, dass sie auf die wahren Bedürfnisse und Wünsche der Nutzer*innen zugeschnitten sind. Durch die Verwendung von Methoden aus der empirischen Sozialforschung soll die Perspektive der Nutzer*innen von Beginn an in die Entwicklung einfließen, um so die Passung von Nutzer*in und Endprodukt zu gewährleisten. In der Betrachtung der Temporalität des Konzepts zeigte sich jedoch, dass die genauen Inhalte im Vergleich mit der Arbeitsatmosphäre und den zeitlichen Vorgaben eine geringere Bedeutung haben. Es ist wichtiger im Zeitrahmen zu bleiben und die Gruppendynamik zu erhalten, als inhaltliche Fragen abschließend zu klären. Die sachliche Sinndimension wird also gegenüber der zeitlichen Sinndimension vernachlässig (siehe Kapitel

I.1). Das Sprechen von Nutzernähe suggeriert zwar zunächst, dass Inhalte wichtig seien, ein Blick auf die Praktiken macht jedoch deutlich, dass sie eher zweit- oder drittrangig sind. Außerdem führte ich mit Blick auf die Materialität des Konzepts aus, dass Design Thinking zunächst die Probleme selbst schafft, die es zu lösen verspricht (siehe Kapitel II.3). Es wird eine spezifische Wirklichkeit konstruiert, innerhalb derer das Versprechen des Konzepts realisierbar erscheint, weil die Probleme der Persona durch Produkte und Dienstleistungen gelöst werden können. Erst nach dieser Vorarbeit beginnt die Generierung von Ideen für Produkte und Dienstleistungen, die aber am Ende des Prozesses eben nur als Ideen oder Prototypen – also als Papier – existieren und ihre Überlegenheit nicht auf Märkten unter Beweis stellen können. Rhetorisch lässt sich diese Überlegenheit aufgrund der argumentativen Komplementarität aus spezifisch konstruiertem Problem und konzipierter Lösung zwar gut begründen, über die Erfolgsaussichten im Zuge der Implementierung lässt sich jedoch nur wenig sagen. Die Akteur*innen wissen somit am Ende selbst nicht, ob ihre Produkte tatsächlich nutzernah sind oder nicht, weil es sich dabei nicht um eine intrinsische Eigenschaft handelt, sondern um eine Zuschreibung (siehe Kapitel II.5). Die Konstruktion von Nutzernähe im Design Thinking ist demnach weniger ein Prozess, der Produkte und Dienstleistungen mit bestimmten Attributen ausstattet, sondern ein Prozess, in dem Geschichten von Nutzernähe generiert werden, die Akteur*innen mobilisieren und von bestimmten Produkten überzeugen sollen. Diese Zuschreibung wird vor dem Hintergrund einer Konsumkritik und dem am Kapitalismus beklagten Authentizitätsverlusts intelligibel und lässt Design Thinking als Kind des neuen Geistes des Kapitalismus erscheinen (siehe Kapitel III.1).

Lenkt man den Blick weg von Endprodukt hin zum Prozess selbst, lässt sich Nutzernähe zudem als Konzept verstehen, das die beteiligten Akteur*innen selbst zu einer Mitarbeit im Design Thinking mobilisiert, indem es die jeweiligen Handlungen mit einem spezifischen Sinnangebot ausstattet. Die Durchführung der Design Thinking-Methode kann von den beteiligten Akteur*innen auf diese Weise als Arbeit an der besseren Gesellschaft gedeutet werden, weil sie darin eine Adressierung wahrer Bedürfnisse erkennen. Zudem ist der Prozess auf eine solche Weise strukturiert, dass er für die Akteur*innen ein spezifisches *Erleben* ermöglicht. Die Privilegierung der zeitlichen und sozialen gegenüber der sachlichen Sinndimension stellt eine Form der Zusammenarbeit sicher, die – dem Ideal nach – auf eine dynamische Weise erfolgt und ohne Stocken, Unklarheiten oder Frustration vonstattengeht. Dies wird gewährleistet, indem die Individuen in eine feste Struktur eingebunden sind, innerhalb derer sie als kreative Subjekte adressiert werden und lediglich Ideen hervorbringen müssen (siehe Kapitel I.2 und II.6). Sie können und sollen ihr kreatives Potential ausschöpfen, während der Prozess ihnen die dazu nötige Struktur und Sicherheit bereitstellt. Nicht-menschliche Akteur*innen übernehmen Aufgaben, die traditionellerweise die Aufgabe von Vorgesetzten waren. Thematische Vorgaben werden durch die spezifische Architektur der Methoden gemacht, die Beendigung der einzelnen Arbeitsschritte erfolgt durch den Piepton der Stoppuhren. So zeigt sich Design Thinking als eine Form der Zusammenarbeit, die formal ohne Hierarchien auskommt. Im Lichte des neuen Geistes des Kapitalismus lässt sich das Konzept somit als Reaktion auf Emanzipationsforderungen interpretieren, die den Beteiligten einerseits neue Freiheiten einräumt, sie andererseits aber auf eine neue Weise unterwirft. Die freie Entfaltung ihres kreativen Potentials ist keine Möglichkeit mehr, die man ihnen gewährt, sondern eine Erwartung, mit der sie konfrontiert sind (siehe Kapitel III.2). Ihnen werden Zugeständnisse gemacht, gleichzeitig werden sie mit neuen, subtileren Unterdrückungsmechanismen konfrontiert. Design Thinking ist demnach primär ein Konzept zur Etablierung einer bestimmten Arbeits- oder Unternehmenskultur und somit eher Missionar als Exorzist: Es treibt den alten Geist des Kapitalismus nur aus, um ihn durch den neuen zu ersetzen – eine Abkehr von der Religion leistet es nicht.

## Und nun?

Mit dieser Diagnose bin ich bei einer zeitdiagnostischen Deutung des Design Thinking angekommen, die den Erfolg des Konzepts anhand seiner spezifischen Passung zu den ideologischen Strukturen des neuen Geistes des Kapitalismus erklärt. Weil Design Thinking so gezielt auf Autonomie- und Authentizitätsforderungen reagiert und aktuell wirkmächtige Rechtfertigungslogiken bedient, ist es dazu in der Lage, Menschen zu mobilisieren. Die Versprechen des Design Thinking sind vor dem Hintergrund des gegenwärtig Denk- und Wünschbaren so verlockend, dass das Konzept Anhänger*innen findet. Eine solche Erklärung des Erfolges von Design Thinking, die über den gesellschaftlichen Kontext argumentiert, ist für mich schlüssiger als der Versuch, nach überlegenen inhärenten Qualitäten eines Konzepts zu suchen, welches bereits bestehende Techniken der Produktentwicklung, Ideengenerierung und Sozialforschung miteinander unter neuem Label kombiniert.

Diese Weitung des Blicks auf den gesellschaftlichen und historischen Kontext des Design Thinking bringt eine spezifische Position des Schreibenden mit sich, von der aus sich einerseits weiter blicken lässt, als es den Akteur*innen möglich ist, auf der man sich andererseits aber auch der Zurechenbarkeit entzieht. Denn die Erkenntnis, dass Design Thinking sein Versprechen einer authentischen Welt voller nutzernaher Produkte nicht einlösen wird und statt echter Befreiung von Zwängen nur neue und subtile Mechanismen der Unterwerfung hervorbringt, ist von der Warte eines soziologischen Beobachters geäußert, der sich in meinen Augen nun auch die Frage gefallen lassen muss, welche Möglichkeiten *echter* Authentizität und *echter* Befreiung er hier implizit einräumt aber unausgesprochen lässt. Der Versuch, hier Antworten zu geben, würde diesen Beobachter zweifelsohne überfordern. Es ist schließlich die Besonderheit einer soziologischen Fremdbeschreibung, dass sie aus ihrer Distanz »zugleich mehr Wissen und weniger Wissen anbieten kann« (Kieserling 2004: II). Mehr Wissen im Sinne einer Kontextualisierung des Design Thinking, die überbordende Erwartungen an das Konzept dämpft; weniger Wissen in dem Sinne, dass sie keine Alternativen ausformuliert sondern sich damit begnügt, die Möglichkeit der Existenz von Alternativen subtil anzudeuten. Ich halte es für wichtig, sich die Möglichkeiten sowie die Beschränkungen dieser Art des Beobachtens vor Augen zu halten, um nun am Ende dieser Studie nicht dem verführerischen Gefühl zu erliegen, bei einer Wahrheit angekommen zu sein.

# Literatur


Akrich, Madeleine; Callon, Michel; Latour, Bruno (2002): »The Key to Success in Innovation Part I. The Art of Interessement«, in: International Journal of Innovation Management 6, S. 187-206.

Bachelard, Gaston (1953): Le matérialisme rationel, Paris: Presses Universitaires de France.

Badke-Schaub, Petra/Cardoso, Carlos/Roozenburg, Norbert (2010): »Design thinking: A paradigm on its way from dilution to meaninglessness?« in: Kees Dorst/Susan Steward/Ilka Staudinger/Bec Paton/Andy Dong, Proceedings of the 8th Design Thinking Research Symposium (DTRS8), S. 39-49.

Belliger, Andrea/Krieger, David J. (Hg.): ANThology: ein einführendes Handbuch zur Akteur-Netzwerk-Theorie, Bielefeld: transcript.

Belliger, Andrea/Krieger, David J. (2006): »Einführung in die Akteur-Netzwerk-Theorie«, in: Belliger/Krieger, ANThology, S. 13-50.

Berger, Bennett M. (2004): »The survival of a counterculture. Ideological work and everyday life among rural communards«, New Brunswick, NJ: Transaction Publishers.

Bogusz, Tanja (2010): Zur Aktualität von Luc Boltanski. Einleitung in sein Werk, Wiesbaden: VS Verlag für Sozialwissenschaften.

Bogusz, Tanja (2009): »Erfahrung, Praxis, Erkenntnis. Wissenssoziologische Anschlüsse zwischen Pragmatismus und Praxistheorie – ein Essay«, in: Sociologia Internationalis 47, S. 197-228.

Bogusz, Tanja (2013): »Was heißt Pragmatismus? Boltanski meets Dewey«, in: Berlin Journal für Soziologie 23, S. 311-328.

Boltanski, Luc (2010): Soziologie und Sozialkritik, Frankfurt am Main: Suhrkamp.

Boltanski, Luc/Chiapello, Ève (2003): Der neue Geist des Kapitalismus, Konstanz: UVK-Verlagsgesellschaft.

Boltanski, Luc/Chiapello, Eve (2001): »Die Rolle der Kritik in der Dynamik des Kapitalismus und der normative Wandel«, in: Berliner Journal für Soziologie 11, S. 459-477.

Boltanski, Luc/Thévenot, Laurent (2007): Über die Rechtfertigung. Eine Soziologie der kritischen Urteilskraft, Hamburg: Hamburger Edition.

Bongaerts, Gregor (2007): »Soziale Praxis und Verhalten. Überlegungen zum Practice Turn in Social Theory«, in: Zeitschrift für Soziologie 36, S. 246-260.

Bönsch, Ernst (1988): Kleines Lexikon Schach. Das königliche Spiel von Abtausch bis Zugzwang, Berlin: Sportverlag.

Bourdieu, Pierre (1987): Sozialer Sinn. Kritik der theoretischen Vernunft, Frankfurt am Main: Suhrkamp.

Bourdieu, Pierre/Chamboredon, Jean-Claude/Passeron, Jean-Claude/ Krais, Beate (Hg.) (1991): Soziologie als Beruf. Wissenschaftstheoretische Voraussetzungen soziologischer Erkenntnis, Berlin: De Gruyter.

Bourdieu, Pierre (1991): »Inzwischen kenne ich alle Krankheiten der soziologischen Vernunft«, Pierre Bourdieu im Gespräch mit Beate Krais, in: Bourdieu/Chamboredon/Passeron/Krais, Soziologie als Beruf, S. 269-283.

Bröckling, Ulrich (2007): Das unternehmerische Selbst. Soziologie einer Subjektivierungsform, Frankfurt am Main: Suhrkamp.

Bröckling, Ulrich (2013): »Der Kopf der Leidenschaft. Soziologie und Kritik«, in: Leviathan 41, S. 309-323.

Brown, Tim (2009): Change by Design: How Design Thinking Transforms Organizations and Inspires Innovation, New York: Harper Business.

Brown, Tim (2008): »Design thinking«, in: Harvard Business Review 86, S. 84-92.

Callon, Michel (2006): »Einige Elemente einer Soziologie der Übersetzung. Die Domestikation der Kammmuscheln und der Fischer der St. Brieuc-Bucht«, in: Belliger/Krieger, ANThology, S. 135-174.

Celikates, Robin (2009): Kritik als soziale Praxis. Gesellschaftliche Selbstverständigung und kritische Theorie, Frankfurt am Main: Campus-Verlag.

Celikates, Robin (2006): »Zwischen Habitus und Reflexion. Zu einigen methodologischen Problemen in Bourdieus Sozialtheorie«, in: Mark Hillebrand (Hg.): Willkürliche Grenzen. Das Werk Pierre Bourdieus in interdisziplinärer Anwendung, Bielefeld: transcript, S. 73-90.

Chang, Heewon (2008): Autoethnography as method, Walnut Creek: Left Coast Press.

Cross, Nigel/Dorst, Kees/Roozenburg, Norbert (1992): Research in design Thinking: Delft University Press.

Dorst, Kees (2006): »Design Problems and Design Paradoxes« in: Design issues 22, S. 4-17.

Emerson, Robert M./Fretz, Rachel I./Shaw, Linda L. (1995): Writing ethnographic fieldnotes, Chicago: University of Chicago Press.

Felsch, Philipp (2015): Der lange Sommer der Theorie. Geschichte einer Revolte; 1960-1990, München: Beck.

Festinger, Leon (1956): When prophecy fails, Minneapolis: University of Minnesota Press.

Foucault, Michel (1971): Die Ordnung der Dinge. Eine Archäologie der Humanwissenschaften, Frankfurt am Main: Suhrkamp.

Foucault, Michel (1991): Die Ordnung des Diskurses, Frankfurt am Main: Fischer.

Foucault, Michel (2006): Die Geburt der Biopolitik. Geschichte der Gouvernementalität II, Frankfurt am Main: Suhrkamp.

Foucault, Michel (2001): »Nietzsche, Freud, Marx«. in: Michel Foucault (Hg.), Schriften. Frankfurt am Main: Suhrkamp, S. 727-743.

fuckups (2015): fuckups.de vom 27.01.2016.

Geertz, Clifford (1983): Dichte Beschreibung. Beiträge zum Verstehen kultureller Systeme, Frankfurt am Main: Suhrkamp.

Geertz, Clifford (2006): The interpretation of cultures. Selected essays, New York: Basic Books.

Guggenheim, Michael/Potthast, Jörg (2012): »Symmetrical twins. On the relationship between Actor-Network theory and the sociology of critical capacities«, in: European Journal of Social Theory 15, S. 157-178.

Haraway, Donna (1988): »Situated Knowledges. The Science Question in Feminism and the Privilege of Partial Perspective«, in: Feminist Studies 14, S. 575-599.

Helfferich, Cornelia/Kruse, Jan (2007): »Vom ›professionellen Blick‹ zum ›hermeneutischen Ohr‹. Hermeneutisches Fremdverstehen als eine sensibilisierende Praxeologie für sozialarbeiterische Beratungskontakte«, in: Ingrid Miethe (Hg.), Rekonstruktion und Intervention. Interdisziplinäre Beiträge zur rekonstruktiven Sozialarbeitsforschung, Opladen: Budrich, S. 175-188.

Hillebrandt, Frank (2014): Soziologische Praxistheorien. Eine Einführung, Wiesbaden: VS Verlag für Sozialwissenschaften.

Hillebrandt, Frank (2009): »Praxistheorie«, in: Georg Kneer/Markus Schroer (Hg.), Handbuch soziologische Theorien, Wiesbaden: VS Verlag für Sozialwissenschaften, S. 369-394.

Hirschauer, Stefan (2001): »Ethnographisches Schreiben und die Schweigsamkeit des Sozialen. Zu einer Methodologie der Beschreibung«, in: Zeitschrift für Soziologie 30, S. 429-451.

Hirschauer, Stefan (2008): »Die Empiriegeladenheit von Theorien und der Erfindungsreichtum der Praxis«, in: Kalthoff, Theoretische Empirie, S. 165-187.

Hörning, Karl. (2001): Experten des Alltags. Die Wiederentdeckung des praktischen Wissens, Weilerswist: Velbrück Wissenschaft.

HPI School of Design Thinking (2013): Final presentations of the HPI D-School Basic Track. Online verfügbar unter https://vimeo.com/67580719, zuletzt geprüft am 27.01.2016.

HPI School of Design Thinking (2015a): Mindset – Design Thinking. Online verfügbar unter http://hpi.de/school-of-design-thinking/design-thinking/mindset.html vom 27.01.2016.

HPI School of Design Thinking (2015b): Hintergrund – Design Thinking. Online verfügbar unter https://hpi.de/school-of-design-thinking/design-thinking/hintergrund.html vom 27.01.2016.

HPI School of Design Thinking (2015c): Refresh Cleaning. Design Challenge: Redesign the vacuum cleaning experience. Online verfügbar unter http://hpi.de/school-of-design-thinking/in-der-praxis/refresh-cleaning.html vom 27.01.2016.

HPI School of Design Thinking (2015d): Design Thinking. Online verfügbar unter http://hpi.de/school-of-design-thinking/design-thinking.html vom 27.01.2016.

HPI School of Design Thinking (2015e): School of Design Thinking. Online verfügbar unter http://hpi.de/school-of-design-thinking.html vom 27.01.2016.

IDEO (2006): Tim Brown and IDEO Visit the Annual Meeting of the World Economic Forum. Online verfügbar unter https://www.ideo.com/news/archive/2006/01/ vom 27.01.2016.

Jalote, Pankaj/Palit, Aveejeet/Kurien, Priya/Peethamber, V.T (2004): »Timeboxing: a process model for iterative software development«, in: Journal of Systems and Software 70, S. 117-127.

Jonas, Wolfgang (2011): »Schwindelgefühle – Design Thinking als General Problem Solver«, Vortrag auf dem EKLAT Symposium. TU Berlin, 3. Mai.

Herbert Kalthoff (2008), Theoretische Empirie. Zur Relevanz qualitativer Forschung, Frankfurt am Main: Suhrkamp

Kanigel, Robert (1997): The one best way. Frederick Winslow Taylor and the enigma of efficiency, New York: Viking.

Kelley, Tom/Littman, Jonathan (2001): The art of innovation. Lessons in creativity from IDEO, America's leading design firm, New York: Currency/Doubleday.

Kieserling, André (2004): Selbstbeschreibung und Fremdbeschreibung. Beiträge zur Soziologie soziologischen Wissens, Frankfurt am Main: Suhrkamp.

Kimbell, Lucy (2011): »Rethinking design thinking: Part I«, in: Design and Culture 3, S. 285-306.

Kneer, Georg (2009): »Akteur-Netzwerk-Theorie«, In: Georg Kneer/ Markus Schroer (Hg.), Handbuch soziologische Theorien, Wiesbaden: VS Verlag für Sozialwissenschaften, S. 19-39.

Knorr-Cetina, Karin (1991): Die Fabrikation von Erkenntnis. Zur Anthropologie von Wissenschaft, Frankfurt am Main: Suhrkamp.

Komus, Ayelt (2014): »Status Quo Agile 2014. Zweite Studie des BPM-Labors der Hochschule Koblenz«, Online verfügbar unter https://www.hs-koblenz.de/fileadmin/media/fb_wirtschaftswissen schaften/Forschung_Projekte/Forschungsprojekte/Status_Quo_ Agile/Studie_2014/2014.07.23_Bericht_Interessenten_final.v. 1.01.pdf vom 27.01.2016.

Ladner, sam (2009): »Design thinking's big problem«, Online verfügbar unter http://copernicusconsulting.net/design-thinkings-big-problem/ vom 27.01.2016.

Latour, Bruno (2002): Die Hoffnung der Pandora. Untersuchungen zur Wirklichkeit der Wissenschaft, Frankfurt am Main: Suhrkamp

Latour, Bruno (2007): Elend der Kritik. Vom Krieg um Fakten zu Dingen von Belang, Zürich: Diaphanes.

Latour, Bruno (2008): Wir sind nie modern gewesen. Versuch einer symmetrischen Anthropologie, Frankfurt am Main: Suhrkamp.

Latour, Bruno (2002a): »Überraschungsmomente des Handelns. Fakten, Fetische und Faitiches«, in: Latour, Die Hoffnung der Pandora, S. 327-359.

Latour, Bruno (2002b): »Zirkulierende Referenz. Bodenstichproben aus dem Urwald am Amazonas«, in: Latour, Die Hoffnung der Pandora, S. 36-95.

Latour, Bruno (2006a): »Drawing Things Together: Die Macht der unveränderlich mobilen Elemente«, in: Belliger/Krieger, ANThology, S. 259-307.

Latour, Bruno (2006b): »Gebt mir ein Laboratorium und ich werde die Welt aus den Angeln heben«, in: Belliger/Krieger, ANThology, S. 103-134.

Latour, Bruno (2006c): »Über technische Vermittlung. Philosophie, Soziologie und Genealogie«, in: Belliger/Krieger, ANThology, S. 483-528.

Latour, Bruno/Woolgar, Steve (1986): Laboratory Life. The construction of scientific facts, Princeton: University Press.

Law, John (2004): After Method. Mess in Social Science Research, Hoboken: Taylor and Francis.

Law, John (2006): »Notizen zur Akteur-Netzwerk-Theorie. Ordnung, Strategie und Heterogenität«, In: Belliger/Krieger, ANThology, S. 427-446.

Lawson, Bryan (1983): How designers think, London: Butterworth Architecture.

Lindberg, Tilmann Sören (2013): Design-Thinking-Diskurse. Bestimmung, Themen, Entwicklungen, Design thinking discourses. Dissertationsschrift. Online verfügbar unter https://publishup.uni-potsdam.de/frontdoor/index/index/docId/6733 vom 27.01.2016.

Linska, Marion (2012): Selbst-/Reflexion in der Kultur- & Sozialanthropologie, Norderstedt: Books on Demand.

Lissner-Espe, Andrea (1993): Janusköpfe. Eine Rahmenanalyse des ethnographischen Dilemmas, Unveröffentlichte Dissertation, Berlin.

Luhmann, Niklas (1990): Die Wissenschaft der Gesellschaft, Frankfurt am Main: Suhrkamp.

Luhmann, Niklas (1968): »Die Knappheit der Zeit und die Vordringlichkeit des Befristeten«, in: Niklas Luhmann (Hg.), Politische Planung. Aufsätze zur Soziologie von Politik und Verwaltung, Opladen: Westdeutscher Verlag, S. 143-164.

Luhmann, Niklas (1972): »Die Praxis der Theorie«, in: Niklas Luhmann (Hg.), Soziologische Aufklärung. Aufsätze zur Theorie sozialer Systeme, Opladen: Westdeutscher Verlag, S. 253-267.

Luhmann, Niklas (1991): »Am Ende der kritischen Soziologie«, in: Zeitschrift für Soziologie 20, S. 147-152.

Magadley, Wissam/Birdi, Kamal (2009): »Innovation Labs. An Examination into the Use of Physical Spaces to Enhance Organizational Creativity«, in: Creativity and Innovation Management 18, S. 315-325.

Malinowski, Bronislaw (1967): A diary in the strict sense of the term, New York: Harcourt, Brace & World.

Marcuse, Herbert (1976): Der eindimensionale Mensch. Studien zur Ideologie der fortgeschrittenen Industriegesellschaft, Neuwied: Luchterhand.

Mareis, Claudia (2011): Design als Wissenskultur. Interferenzen zwischen Design- und Wissensdiskursen seit 1960, Bielefeld: transcript.

Mareis, Claudia (2010): »Visual Productivity. Reflections on the Foundations and Correlations of Design Thinking«, in: Proceedings of the 21. Congress of the International Association of Empirical Aesthetics.

Marx, Karl; Engels, Friedrich (1961): Marx Engles Werke 13, Berlin: Dietz Verlag.

Marzavan, Daniela (2015): »Vom Kopf ins Herz über die Hand zum Produkt«, Online verfügbar unter http://ffluid.de/blog/vom-kopf-ins-herz-ueber-die-hand-zum-produkt/ vom 27.01.2016.

Merkle, Judith (1980): Management and ideology. The legacy of the international scientific management movement, Berkeley: University of California Press.

Nagel, Thomas (2012): Der Blick von Nirgendwo, Berlin: Suhrkamp.

Nassehi, Armin (2006): Der soziologische Diskurs der Moderne, Frankfurt am Main: Suhrkamp.

Nassehi, Armin (2004): »Die Theorie funktionaler Differenzierung im Horizont ihrer Kritik«, in: Zeitschrift für Soziologie 33, S. 98-118.

Nussbaum, Bruce (2010): Is Humanitarian Design the New Imperialism? Online verfügbar unter http://www.fastcodesign.com/

1661859/is-humanitarian-design-the-new-imperialism vom 27.01.2016.

Plattner, Hasso/Meinel, Christoph/Leifer, Larry J. (2012a): Design thinking research. Measuring performance in context, Berlin, London: Springer.

Plattner, Hasso/Meinel, Christoph/Leifer, Larry J. (2012b): Design thinking research. Studying co-creation in practice, Berlin, New York: Springer.

Plattner, Hasso/Meinel, Christoph/Leifer, Larry J. (2014): Design thinking research. Building innovation eco-systems, Cham, New York: Springer.

Plattner, Hasso/Meinel, Christoph/Leifer, Larry J. (2015): Design thinking research. Building innovators, Cham: Springer.

Plattner, Hasso/Meinel, Christoph/Leifer, Larry J. (2016): Design thinking research. Making design thinking foundational, Cham: Springer.

Polanyi, Michael (1983): The tacit dimension, Gloucester: Peter Smith.

Reckwitz, Andreas (2011): Die Erfindung der Kreativität. Zum Prozess gesellschaftlicher Ästhetisierung, Berlin: Suhrkamp.

Reckwitz, Andreas (2003): »Grundelemente einer Theorie sozialer Praktiken: Eine sozialtheoretische Perspektive«, in: Zeitschrift für Soziologie, S. 282-301.

Reckwitz, Andreas (2008): »Praktiken und Diskurse. Eine sozialtheoretische und methodologische Relation«, in: Kalthoff, Theoretische Empirie, S. 188-209.

Reckwitz, Andreas (2010): »Auf dem Weg zu einer kultursoziologischen Analytik zwischen Praxeologie und Poststrukturalismus«, in: Monika Wohlrab-Sahr (Hg.): Kultursoziologie. Paradigmen – Methoden – Fragestellungen, Wiesbaden: VS Verlag für Sozialwissenschaften, S. 179-205.

Rittel, Horst W. J/Webber, Melvin M. (1973): »Dilemmas in a general theory of planning«, in: Policy Science 4, S. 155-169.

Rosa, Hartmut (2005): Beschleunigung. Die Veränderung der Zeitstrukturen in der Moderne, Frankfurt am Main: Suhrkamp.

Roth, Yannig (2010): What caused Shimano's Coasting-program to fail? Online verfügbar unter http://yannigroth.com/2010/05/12/what-caused-shimanos-coasting-program-fail/ vom 27.01.2016.

Rowe, Peter G. (1987): Design Thinking, Cambridge: MIT Press.

Salustri, Filippo A.; Eng, Nathan L. (2007): »Design as...: Thinking of what Design might be«, in: Journal of Design Principles and Practices 1, S. 19-28.

Schäfer, Hilmar (2012): »Kreativität und Gewohnheit. Ein Vergleich zwischen Praxistheorie und Pragmatismus«, in: Udo Göttlich/Ronald Kurt (Hg.), Kreativität und Improvisation. Soziologische Positionen, Wiesbaden: VS Verlag für Sozialwissenschaften, S. 17-43.

Scheffer, Thomas/Meyer, Christian (2011): »Tagungsbericht. Tagung: Soziologische vs. ethnologische Ethnographie – Zur Belastbarkeit und Perspektive einer Unterscheidung«, in: Forum Qualitative Sozialforschung 12.

Schmidt, Robert (2012): Soziologie der Praktiken. Konzeptionelle Studien und empirische Analysen, Berlin: Suhrkamp.

Schmidt, Robert (2011): »Die Entdeckung der Praxeographie. Zum Erkenntnisstil der Soziologie Bourdieus«, in: Daniel Šuber (Hg.), Pierre Bourdieu und die Kulturwissenschaften. Zur Aktualität eines undisziplinierten Denkens, Konstanz: UVK-Verlagsgesellschaft, S. 89-106.

Schmiedgen, Jan/Rhinow, Holger/Köppen, Eva/Meinel Christoph (2015): PARTS WITHOUT A WHOLE. The Current State of Design Thinking Practice in Organizations. Study Report, Technische Bereichte Nr. 97. hasso-plattner-institut für softwaresystemtechnik an der Universität Potsdam, Potsdam.

Scrum-Master (2015): Time-Boxing. Online verfügbar unter http://scrum-master.de/Scrum-Meetings/Time-Boxing vom 27.01.2016.

Senatsverwaltung für Wirtschaft, Technologie und Forschung (2013): Innovations- und Kreativlabs in Berlin – eine Bestandsaufnahme.

Räume und Events als Schnittstellen von Innovation und Kreativität. Senatsverwaltung für Wirtschaft, Technologie und Forschung. Online verfügbar unter http://www.berlin.de/projektzukunft/uploads/tx_news/130626_Innovations-_und_Kreativlabs_in_Berlin_-_eine_Bestandsaufnahme_02.pdf vom 27.01.2016.

Spivak, Gayatri Chakravorty (1988): »Can the subaltern speak?«, in: Cary Nelson und Lawrence Grossberg (Hg.), Marxism and the interpretation of culture, Urbana: University of Illinois Press, S. 271-313.

Star, Susan L. (1992): »Cooperation Without Consensus in Scientific Problem Solving: Dynamics of Closure in Open Systems«, in: Steve Easterbrook (Hg.), Cooperation or conflict?, London, New York: Springer-Verlag, S. 93-106.

Star, Susan L.; Griesemer, James R. (1989): »Institutional Ecology, ›Translations‹ and Boundary Objects. Amateurs and Professionals in Berkeley's Museum of Vertebrate Zoology, 1907-39«, in: Social Studies of Science 19, S. 387-420.

Stichweh, Rudolf (2000): Die Weltgesellschaft. Soziologische Analysen, Frankfurt am Main: Suhrkamp.

Stichweh, Rudolf (2015): Zum Forschungsprogramm des Forum Internationale Wissenschaft der Universität Bonn. Online verfügbar unter https://www.fiw.uni-bonn.de/publikationen/FIWWorkingPaper/fiw-working-paper-no.-1 vom 27.01.2016.

Stocking, George W. (1992): The ethnographer's magic and other essays in the history of anthropology, Madison: University of Wisconsin Press.

Suetin, Alexei (1981): Typische Fehler, Berlin: Sportverlag.

Taylor, Frederick Winslow (1922): Die Grundsätze wissenschaftlicher Betriebsführung, München: Oldenbourg.

TED (2009): Tim Brown urges designers to think big. Online verfügbar unter http://www.ted.com/talks/tim_brown_urges_designers_to_think_big vom 27.01.2016.

Thienen, Julia von/Meinel, Christoph (2014): A Design Thinking Process to Tackle Individual Life Problems (created for use in behaviour psychotherapy), in: Electronic colloquium on design thinking research.

Tonkinwise, Cameron (2011): »A Taste for Practices: Unrepressing Style in Design Thinking«, in: Design Studies 32, S. 533-545.

Volbers, Jörg (2015): »Theorie und Praxis im Pragmatismus und in der Praxistheorie«, in: Thomas Alkemeyer/Volker Schürmann/Jörg Volbers (Hg.), Praxis denken. Konzepte und Kritik, Wiesbaden: VS Verlag für Sozialwissenschaften, S. 192-214.

Wacquant, Loïc (2003): Leben für den Ring. Boxen im amerikanischen Ghetto, Konstanz: UVK-Verlagsgesellschaft.

Weber, Max (1904): Die protestantische Ethik und der Geist des Kapitalismus, Tübingen: Mohr.

Weber, Susanne Maria (2014): »Change by Design!? Wissenskulturen des ›Design‹ und organisationale Strategien der Gestaltung«, in: Susanne Maria Weber/Michael Göhlich/Andreas Schröer/Jörg Schwarz (Hg.), Organisation und das Neue, Wiesbaden: VS Verlag für Sozialwissenschaften, S. 27-48.

Weinberg, Ulrich (2012): Design Thinking. Entrepreneurship Summit 2012 in Berlin. Freie Universität Berlin. Online verfügbar unter https://www.youtube.com/watch?v=WDCZ8u6YZ6I vom 27.01.2016.

Williamson, Ben (2014): »New governing experts in education: Self-learning software, policy labs and transactional pedagogies«, in: Tara Fenwick/Eric Mangez/Jenny Ozga (Hg.), World Yearbook of Education 2014. Governing Knowledge: Comparison, Knowledge-Based Technologies and Expertise in the Regulation of Education, Hoboken: Taylor and Francis, S. 218-231.

# Soziologie

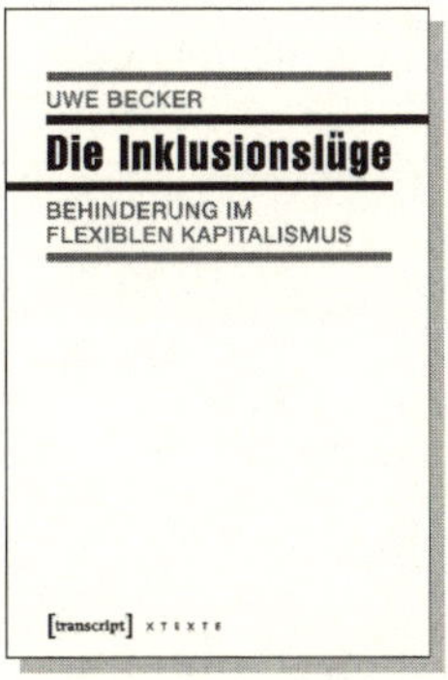


*Uwe Becker*
**Die Inklusionslüge**
Behinderung im flexiblen Kapitalismus

2015, 216 S., kart., 19,99 € (DE),
ISBN 978-3-8376-3056-5
E-Book: 17,99 € (DE), ISBN 978-3-8394-3056-9
EPUB: 17,99 € (DE), ISBN 978-3-7328-3056-5

*Gabriele Winker*
**Care Revolution**
Schritte in eine solidarische Gesellschaft

2015, 208 S., kart., 11,99 € (DE),
ISBN 978-3-8376-3040-4
E-Book: 10,99 € (DE), ISBN 978-3-8394-3040-8
EPUB: 10,99 € (DE), ISBN 978-3-7328-3040-4

*Johannes Angermuller, Martin Nonhoff, Eva Herschinger, Felicitas Macgilchrist, Martin Reisigl, Juliette Wedl, Daniel Wrana, Alexander Ziem (Hg.)*
**Diskursforschung**
Ein interdisziplinäres Handbuch (2 Bde.)

2014, 1264 S., kart., 2 Bde. im Schuber, zahlr. Abb.
44,99 € (DE), ISBN 978-3-8376-2722-0
E-Book: 44,99 € (DE), ISBN 978-3-8394-2722-4

**Leseproben, weitere Informationen und Bestellmöglichkeiten finden Sie unter www.transcript-verlag.de**